영/국/의/ 대/학/도/시/

케임브리지
이야기

영국의 대학 도시
케임브리지 이야기

펴 낸 날 2016년 3월 11일

지 은 이 이승은, 김영석
펴 낸 이 최지숙
편집주간 이기성
편집팀장 이윤숙
기획편집 주민경, 박경진, 윤일란
표지디자인 주민경
책임마케팅 윤은지
펴 낸 곳 도서출판 생각나눔
출판등록 제 2008-000008호
주   소 서울 마포구 동교로 18길 41, 한경빌딩 2층
전   화 02-325-5100
팩   스 02-325-5101
홈페이지 www.생각나눔.kr
이 메 일 webmaster@think-book.com

- 책값은 표지 뒷면에 표기되어 있습니다.
  ISBN 978-89-6489-561-0 03920

- 이 도서의 국립중앙도서관 출판 시 도서목록(CIP)은 서지정보유통지원시스템 홈페이지
  (http://seoji.nl.go.kr)와 국가자료공동목록시스템(http://www.nl.go.kr/kolisnet)에서
  이용하실 수 있습니다(CIP제어번호: CIP2016003427).

영/국/의/ 대/학/ 도/시/

케임브리지 이야기

뉴턴, 다윈, 바이런과 케인스의 도시

800년 숙성된 역사가 만들어낸 생활문화와
흥미로운 이야기 속으로

이승은 · 김영석 지음

생각나눔

케임브리지는 런던 킹스 크로스(King's Cross) 역에서 기차로 한 시간 정도 떨어진 영국의 대학 도시다. 규모로만 보자면 면적 40 km^2, 인구 약 13만 명으로 우리나라의 서울시 강남구와 비슷한 면적에 인구는 4분의 1도 되지 않는 작은 도시다. 하지만 케임브리지는 오랜 전통과 최첨단의 혁신이 공존하는 가운데 끝없이 펼쳐지는 풍부한 이야기를 지닌 곳이다. 또, 물과 녹지가 풍성하게 도시를 감싸고 그 안에서 기분 좋게 어우러져 너무 가깝지도, 멀지도 않게 자연을 느끼며 살아갈 수 있는 생태도시이기도 하다.

운 좋게도 우리 가족은 일 년 동안 케임브리지에서 생활할 기회를 가졌다. 우리가 한국에서 케임브리지에 대해 알았던 건 고작 유명 대학이 있는 도시라는 것 정도였다. 처음 케임브리지에 도착했을 때만 해도 이렇게 케임브리지를 좋아하고 책까지 쓰게 되리라곤 상상도 못 했다. 당시 막 케임브리지의 생활을 마치고 한국으로 돌아가신 분께서 케임브리지 앓이를 하고 계시다는 말을 들었을 때도 선뜻 이해하기 어려웠다.

하지만 그로부터 머지않아 우리 역시 케임브리지에 흠뻑 빠지고 말았다. 케임브리지는 내가 아는 그 어느 도시보다도 깊고 오묘한 맛을 지녔다. 팔색조처럼 다방면의 매력을 발산하며 끊임없이 궁금증을 자아내게 만드는 도시였다. 아주 오래된 듯하면서도 끊임없이 새롭고, 최첨단 기술과 학문이 발달하였음에도 자연이 풍요로우며, 상아탑이 견고한 대학 도시이면서도 결코 고리타분하지 않고 개방적이며 국제적이다. 또, 오랜 역사와 문화 속에서 숙성된 이야기가 넘쳐나고 그를 음미하러 온 국내외 관광객들이 줄을 잇는다.

8백 년 이상의 역사 속에서 노벨상을 90여 개나 배출한 세계적인 대학 도시인만큼 케임브리지에는 인류사에 큰 족적을 남긴 석학들의 흔적이 곳곳에 남아 있다. 만유인력의 법칙을 발견한 뉴턴, 진화론 창시자인 찰스 다윈, 괴짜 시인 바이런, 경제학자 케인스, 철학자 버트런드 러셀, DNA 이중나선 구조를 발견한 왓슨과 크릭, 장애를 극복한 천문우주학자 스티븐 호킹 등 수많은 유명인들의 삶의 터전이요 업적이 탄생했던 곳이다. 그들의 발자취는 고스란히 케임브리지의 역사와 이야기가 되어 전해지고 있다. 뉴턴이 만유인력 법칙을 발견했던 사과나무, 찰스 다윈이 다니던 칼리지, 경제학자 케인스가 만든 예술극장, DNA 이중나선 구조를 발견한 왓슨과 크릭이 자주 들르던 펍(Pub), 스티븐 호킹이 살던 집 등은 여러 가지 지적이고도 인간적인 상념과 호기심을 불러일으켰다.

케임브리지 대학을 이루는 서른한 개의 칼리지 또한 제각기 독특한 역사와 문화, 흥미로운 이야기를 담고 있었다. 수백 년 된 칼리지의 오래된 나무 문과 문장, 벽돌 건물과 다리, 그림 같은 정원, 시대상을 반영하는 채플 등 어느 것 하나 예사로운 게 없었다. 또, 이 작은 도시에 세계 최고 수준의 대학이 만들어지기까지 오랜 세월 왕권의 비호와 마을 주민들의 희생이 있었다는, 뜻밖의 사실도 알게 되었다. 가이드 투어와 강연, 각종 자료 등을 통하여 도시 속의 의미와 이야기를 찾아가는 사이, 케임브리지는 어느덧 친숙하게 다가왔다.

이 책은 일 년이라는 짧고도 긴 시간 동안 탐색하며 보고, 느끼고, 겪은 케임브리지에 관한 이야기를 담고 있다. 책은 크게 세 부분으로 구성되어 있다. 내용상 어느 부분부터 먼저 읽어도 상관없으니 관심가는 곳부터 자유롭게 펼쳐보길 바란다.

제1부는 8백 년 이상 케임브리지 대학이 성장하는 과정에서 일어난 흥미로운 이야기들을 담고 있다. 상업도시였던 중세 케임브리지에 설립된 칼리지의 성장 과정, 우리와는 다른 대학과 칼리지 시스템, 왕권으로 뒷받침된 대학의 막대한 권한과 마을과의 갈등, 지적 자산으로 이룬 과학과 산업 중심지로서의 케임브리지 현상 등을 다루고 있다.

제2부에서는 제각기 독립적으로 운영되고 있는 칼리지 속의 독특하고도 재미난 이야기들을 풀어 놓았다. 13세기에 세워진 최초의 칼리지 피터하우스(Peterhouse), 최고의 고딕 건축물을 자랑하는 킹스 칼리지(King's College), 노벨상 수상자를 가장 많이 배출한 트리니티

칼리지(Trinity College), 그리고 현대에 세워진 다윈(Darwin)과 처칠(Churchill) 칼리지에 이르기까지 저마다의 역사와 문화, 전해지는 이야기들을 담고 있다.

제3부는 케임브리지에서 경험할 수 있는 즐거운 생활과 문화에 관한 이야기이다. 케임브리지 시 전체에 흩어져 있는 작은 박물관과 미술관, 도서관, 그리고 영국식 맥주와 차, 음식을 즐길 수 있는 펍과 카페, 작은 조각배를 타고 케임 강을 흐르는 펀팅, 연중 다채로운 이벤트 등이 소개된다. 또 운동 게으름뱅이였던 나를 열심히 걷게 한, 불편한 교통과 서울 한복판에 살던 우리 가족에게 최고의 선물이었던 넉넉한 녹지에 관한 이야기도 주저리 늘어놓았다.

케임브리지의 멋짐은 크고 화려하거나 한순간에 눈길을 사로잡는 그러한 종류는 아니다. 서서히 물드는 노을처럼 조금씩 알아갈수록 자신도 모르게 끌려드는, 그리고 더 알고 싶어지고 싫증 나지 않는 그런 마력 비슷한 거다. 기본적으로 어느 곳이나 그렇겠지만, 케임브리지에서는 특히나 아는 힘이 제대로 가치를 발휘하는 것 같다. 아는 만큼 보이고 그만큼 즐길 수 있는 곳이다. 별 생각 없는 하루나 반나절 일정만으로는 그 맛을 제대로 음미하기 어려울 수도 있다. 사실 팔백 년 이상의 역사를 지닌 대학 도시 케임브리지를 이해하기에는 일 년이라는 시간도 턱없이 부족했음을 고백하지 않을 수 없다. 이 책이 케임브리지를 이해하고 사랑하는 데 작은 도움이 되길 바란다.

제2부

칼리지 속의 재미난 이야기

제3부

케임브리지의 문화와 생활

제1부

상업 도시에서
대학 도시로의 성장

마을이 시작된 곳, 캐슬힐

어느 곳에나 시작은 있는 법, 케임브리지를 조금씩 알아가던 무렵 문득 이 도시의 시작이 궁금해졌다. 케임브리지에 대학이 처음 만들어진 것은 지금으로부터 약 800년 전, 하지만 그 이전에도 사람들은 살았을 터였다. 고고학적 자료를 조사해 보니 케임브리지에는 석기 시대부터 사람들이 살았다. 초창기 사람들은 풍부한 숲과 식량이 있던 케임 강변을 돌아다니며 사냥과 수렵, 농경 생활을 하며 삶을 영위했다.

유랑 생활을 하던 사람들이 처음으로 정착 생활을 시작한 것은 기원전 500년경의 철기시대였다. 당시 북유럽에서 영국으로 건너온 켈트족(Celts)의 일부가 케임 강 북쪽의 캐슬힐(Castle Hill) 근처에 모여 살았는데, 이것이 케임브리지의 시작이었다.

오늘날 케임브리지 시의 중심은 케임 강 남쪽에 있다. 그래서 이

도시의 방문객들도 시내 중심에서 500미터 반경 이내에 머물기 일쑤이다. 우리 역시 한동안 시내 중심부에 정신이 팔려 벗어날 엄두를 내지 못했다. 그러던 어느 날, 마음먹고 도시의 탐방에 나섰고, 필연적으로 강 북쪽으로 발길을 옮길 수밖에 없었다. 케임 강을 가로지르는 모들린 브리지(Magdalene bridge)를 지나 북쪽으로 도보 10여 분 거리에 있는 캐슬힐(Castle Hill), 그곳이 바로 케임브리지의 역사가 시작되고 수백 년간 정치, 군사적으로 중요한 역할을 했던 곳이다. 전쟁이 잦던 시절, 강과 습지로 둘러싸인 언덕 캐슬힐은 생존과 방어에 더없이 유리한 곳이었다.

서기 43년경, 로마 황제 클라우디우스(Claudius)는 군단을 앞세워 영국을 침입했고, 이어 4백여 년간 지배했다. 케임브리지도 로마인들의 요새 중 하나였다. 구릉지가 많고 런던과 요크(York)를 잇는 도로에서 가까운 케임브리지는 끊임없이 전쟁을 해야 했던 로마인들에게 방어와 교통 면에서 유리했기 때문이다. 로마인들은 캐슬힐에 거주 공간과 군사적 요새를 만들었다.

로마 시대에 케임브리지는 무역과 상업 도시로 성장하였고, 오늘날까지 이용되는 주요 도로도 건설되었다. 5세기경 로마인들이 물러간 후에는 앵글로 색슨(Anglo-Saxon)족이 들어왔고, 그들도 캐슬힐에 근거지를 두었다. 8세기경 케임 강에 다리가 놓인 이후로 마을은 남쪽으로 확산하기 시작하였다.

11세기 후반에는 북프랑스에서 노르만족이 들어왔다. 1066년 정복왕 윌리엄은 헤이스팅스(Hastings) 전투에서 이기고 영국의 왕이 되었다. 2년 후 케임브리지에 들어온 윌리엄 왕은 즉시 캐슬힐에 있던 하우스들을 철거하고 커다란 성을 짓도록 명령했다. 앵글로 색슨 족들의 반란을 방어하고 마을을 관리하기 위해서였다. 주변보다 높은 언덕에 수로로 둘러싸인 케임브리지 성은 노르만 집정관(sheriff)인 피콧(Picot)의 주거지이자 군사 기지로 사용되었다. 피콧은 주민들로부터 많은 세금을 거두는 등 악명이 높았는데, 한 역사가가 '굶주린 사자, 먹이를 찾아 헤매는 늑대, 더러운 돼지'로 묘사할 정도였다.

나무로 만들어진 케임브리지 성은 13세기 국왕 에드워드 1세 때 돌로 개조되었다. 3층으로 이루어진 성에 에드워드 1세 왕이 머물기도 했으나, 케임브리지 대학이 생기고 마을 중심이 점차 남쪽으로 이전되면서 성은 제구실을 하지 못한 채 쇠퇴하였다. 건축 재료가 부족했던 시절이었기에 성을 이루던 돌들은 칼리지와 교회를 건설하기 위해 야금야금 빼내어 사용되었다. 결국, 17세기 초 케임브리지 성은 대부분 파괴된 채 정문만 남았다. 나중에는 병영과 감옥으로 개조되어 사용되었으나, 19세기 중반에는 그마저 파괴되었다.

오늘날 성이 있던 캐슬힐에는 자그마한 언덕만이 남아 있다. 높이 12미터, 넓이 24헥타르(ha) 정도의 야트막한 언덕에서 케임브리지 성의 흔적은 전혀 찾아볼 수 없다. 책이나 박물관 자료 등을 통하여 그곳에 있던 성의 모습을 상상해볼 수 있을 뿐이다. 높지 않기에 캐슬힐 정상까지도 쉽게 오를 수 있다. 단, 안내판에 적힌 대로 정해진 계단으로만 다녀야 하고, 스케이트보드나 자전거는 이용할 수 없다. 소중한 문화유산인 언덕이 손상되는 것을 방지하기 위해서이다. 평

케임브리지의 역사가 시작된 캐슬힐

소 운동을 좋아하는 장난꾸러기 우리 아들, 언덕의 흙 등성이를 신나게 오르내리다가 한 영국인의 친절하고도 점잖은 충고를 들어야 했다. 미처 안내판을 보지 못하여 주의를 못 시킨 내가 낯이 붉어지는 순간이었다.

캐슬힐 위에 오르면 고층 건물이 거의 없는 케임브리지 시를 한눈에 바라볼 수 있다. 저 멀리 킹스 칼리지 채플과 교회 건물들, 그리고 그 아래에 펼쳐진 고만고만한 영국 집들과 푸른 공원이 보인다. 오랫동안 도시의 지반이 전체적으로 높아진 탓에 지금은 그다지 높아 보이지 않지만, 예전에는 이곳에서 케임브리지 시를 한눈에 내려다보며 방어하고 통치했을 것이다.

캐슬힐에 가고자 한다면 먼저 시내 중심에서 과감하게 벗어날 마음의 준비를 해야 한다. 물리적 거리는 그리 멀지 않으나 도시의 오랜 과거와 조우할 마음의 채비가 필요한 것 같다. 다행히 시내 중심부에서 캐슬힐까지 가는 거리에도 흥미로운 볼거리들이 꽤 있다. 사실 캐슬힐 부근은 수십 년 전까지만 해도 케임브리지에서 가장 가난한 사람들이 살던 지저분한 슬럼가였다.

1960년대 이후 개보수(renovation) 사업을 거치며 깨끗한 거리로 조성된 덕분에, 지금은 케임 강변을 중심으로 현대식 레스토랑과 예쁜 상점들도 많이 생겼다. 사람들이 지나다니는 인도 곳곳에는 아름다운 청동 꽃 조각이 군데군데 박혀 있어 거리를 한층 밝은 분위기

캐슬힐에서 바라본 전경

로 인도한다. 이 청동 꽃들은 2000년 밀레니엄을 맞이하여 케임브리지 시가 아름다운 거리 조성의 일환으로 만든 것이라 한다.

하지만 펀드가 부족했던 탓에 오랜 건물 중 일부는 지금까지 남아 있다. 수백 년 전에 문을 연 식당과 낡은 건물들, 예전 여관을 개조하여 만든 박물관, 로마의 흔적이 남아 있는 오랜 교회 등은 이 거리가 꽤 오랜 세월을 안고 있음을 말해 준다. 예를 들어, 모들린 스트리트(Magdalene Street)에는 유명한 '일기(Diary)'의 저자 새뮤얼 핍스(Samuel Pepys)가 1660년대에 드나들던 식당 건물이 있다. 낡아 보이는데다 다소 촌스러운 푸른 색 건물의 식당은 창문에 '1608년부터'라는 문구를 새긴 채 지금도 영업 중이다.

1608년부터 지금까지 영업 중인 식당(모들린 스트리트)

노르만 양식의 라운드 교회

　노르만 시대에 케임브리지에는 많은 교회와 수도원이 지어졌다. 그 중 하나가 브리지 스트리트(Bridge Street)에 있는 라운드 교회(Round Chruch)다. 라운드 교회는 노르만족이 지은 대표적인 교회로 영국에 남아 있는 네 채의 원형 교회 중 하나다. 1130년경에 지어져 케임브리지에서 두 번째로 오래된 건물인 라운드 교회는 이후 몇 차례 복원되고 확장되었다. 예배를 드리는 것과 같은 종교적 기능은 이미 다

라운드 교회의 내부

른 교회로 이전되었고, 현재는 박물관처럼 이용되고 있다. 크거나 화려하지 않지만, 보기 드문 노르만 양식의 원형 교회라는 점 때문에 관광객들의 발길이 끊이지 않는다. 2파운드를 내고 내부에 들어가면 여덟 개의 기둥과 조각으로 장식된 교회의 신비한 분위기를 맛볼 수 있다. 또 케임브리지의 고대부터 현대에 이르는 역사에 관한 전시를 관람하고 동영상도 시청할 수 있어 도시의 전체 모습을 파악하는 데 도움이 된다.

　라운드 교회를 지나 케임 강 쪽으로 걸어가면 모들린 브리지와 같은 이름의 칼리지가 나온다. 이를 지나쳐 계속 북쪽으로 향하면 케임브리지 민속 박물관(Folk Museum)이 보이는 캐슬 스트리트(Castle Street) 사거리에 이른다. 이 사거리의 한편, 바로 박물관의 대각선 상에는 청동 기둥 하나가 수직으로 세워져 있다. 새천년이 시작된 2000년에 바로 그 자리에서 중세의 유물들이 발견되었음을 기념하는 것이다. 바로 옆 벽면에는 상세한 설명이 적혀 있는 청동 명판이 있다. 이에 따르면 기둥은 근처의 윔폴홀(Wimpole Hall)이라는 내셔널 트러스트(National Trust) 유산에서 가져온 떡갈나무를 주

캐슬 스트리트 사거리의 청동 기동

세인트 피터 교회

조하여 만든 것으로 층층이 새겨진 문양들을 통하여 케임브리지의
역사를 상징적으로 나타내고 있다. 여기서 발견된 동전 등의 유물들
은 피츠윌리엄 박물관(Fitzwilliam Museum)에 보관되어 있다.

　캐슬 스트리트에는 케임브리지 민속 박물관과 함께 작은 미술
관 케틀스 야드(Kettle's Yard)가 있다. 그리고 부근에는 오래된 교
회들이 몇몇 자리 잡고 있다. 케틀스 야드 입구 옆으로 난 작은 길
을 따라 걸어가면 아주 오래되고 작은 세인트 피터 교회(St. Peter's
Church)를 만날 수 있다. 처음 들어서는 순간 이렇게 작은 교회도 있

다니 하고 놀랐다. 길이가 9미터밖에 되지 않는 케임브리지에서 가장 작은 교회였다. 하지만 나무와 꽃, 풀로 둘러싸인 이 작은 교회는 그 어느 곳보다도 고요하고 평화로운 분위기였다. 교회 외벽에 군데군데 박혀 있는 불그스름한 타일 조각은 이 자리에 한때 로마의 사원이 있었다는 사실을 뒷받침하는 유물이다. 교회는 이제 더 이상 종교적 기능을 수행하지 않지만, 그 오랜 역사 때문에 종종 케임브리지 시에서 가장 성스러운 곳 중의 하나로 손꼽힌다.

캐슬힐과 그 주변 거리는 고대 로마의 흔적을 간직한 중요한 유적지로서 케임브리지 시민들의 알뜰한 보살핌을 받고 있는 듯하다. 몇 년 전부터 케임브리지 시는 '캐슬힐 오픈데이(Castle Hill Open Day)'라는 행사를 개최한다. 캐슬힐을 비롯한 주변 박물관, 교회 등을 개방하고 다양한 행사와 워킹 투어를 개최하여 주민들의 역사와 문화 의식을 높이기 위해서이다. 작년 가을의 캐슬힐 오픈데이 행사 때 우리 가족도 참여했다. 비가 추적추적 오는 굿은 날씨였음에도 많은 사람들이 모여 캐슬힐과 세인트 피터 교회, 케임브리지 민속 박물관 등을 둘러보았다. 블루 뱃지(blue badge) 가이드[1]들이 사람들을 인솔하며 캐슬힐과 주변 거리를 둘러싼 재미있는 이야기들을 들려주었다. 마치 공부하는 지역 축제 같은 분위기여서 어른뿐 아니라 좀처럼 역사에 흥미가 없는 아이들에게도 지역을 돌아볼 좋은 기회가 되었다.

---

1 오랜 경험과 깊이 있는 지식을 지닌 영국의 공식적인 전문 관광 가이드로 푸른 색 뱃지를 달고 다닌다.

케임브리지는 '케임 강의 다리'

강과 다리, 성으로 이루어진 케임브리지 시의 문장(shield)에서도 알 수 있듯이 케임 강은 오랜 세월 케임브리지와 떼려야 뗄 수 없는 끈끈한 관계에 놓여 있다. 남서쪽으로 26킬로미터 떨어진 허트포드셔 (Hertfordshire)의 애쉬웰(Ashwell)에서 시작되어 도시를 남북으로 관통하는 케임 강은 아득한 옛날부터 케임브리지의 생명줄과도 같은 존재였다. 선사 시대와 로마 시대에 케임브리지는 케임 강 주변에 형성된 작은 마을이었고, 중세 시대에는 하천 무역이 발달한 내륙 항구도시였다. 케임 강은 중요한 화물 수송 수단이었고, 세탁과 고기잡이, 하수처리의 장이었으며, 옥수수 제분 등의 지역 산업에 필요한 동력의 제공원이기도 했다. 사람들이 마차를 교통수단으로 사용하

케임브리지 시 문장

는 동안에도 석탄, 와인 등의 화물은 바지선에 실려 케임 강으로 수송되었다. 케임브리지의 많은 사람은 부두에서 일하거나 보트를 운전하고 무역에 관련된 일을 하면서 생계를 꾸렸다.

케임 강에 최초로 목조 다리가 놓인 것은 8세기 앵글로 색슨 시대였다. 그 다리가 바로 오늘날의 모들린 브리지(Magdalene Bridge)이다. 다리가 가져온 파급 효과는 컸다. 하천 무역이 더욱 발달하였을 뿐 아니라, 강 북쪽에만 모여 살던 사람들이 남쪽으로 점차 이동하기 시작하였다. 사람들은 질척질척한 습지대를 피해 비교적 높은 지대에 모여 살았는데, 그곳이 오늘날 시내 중심부인 마켓힐(Market hill)과 피스힐(Peas hill)이다. 예전에는 언덕 지대였지만, 이후 수백 년 동안 주변 지반이 점점 높아지는 바람에 지금은 평지가 되어버렸다.

다리가 생기기 전까지 'Grantacaestir'라 불리던 케임브리지는 'Grantabrycg'로 이름이 바뀌었다. 그랜타(Granta)는 '진흙투성이 하천(muddy river)'을, Caestir은 '캐슬힐 위의 로마 요새(the Roman fort on Castle Hill)'를, briycge는 다리를 의미하는 옛말이다. 즉, 마을의 상징이 로마 요새에서 다리로 바뀌었다. 케임 강의 옛 이름인 그랜타(Granta)는 예전부터 범람을 자주 하고 질척질척한 습지대로 둘러싸인 케임브리지를 나타내는 말로 오늘날까지도 케임 강의 일부 지류를 지칭하고 있다. 케임브리지(Cambridge)라는 도시명이 사용된 것은 17세기경부터였다. 오늘날, 케임 강에는 무려 서른여 개의 다리가 놓여 있다. 시내 중심에만 해도 열 개가 넘는 다리가 있으니 '케임

케임브리지 최초의 다리 모들린 브리지

강의 다리'를 뜻하는 도시명이 절대 무색하지 않다.

　모들린 브리지 근처는 하천 무역이 가장 오랫동안 성행했던 곳 중의 하나다. 지금도 부두를 의미하는 '키사이드(Quayside)'라는 지명이 남아 있다. 19세기 중엽 철도가 본격적으로 운행되기 전까지 이곳은 물건들을 가득 실은 바지선과 상인들로 붐볐다. 이곳에서 실린 물건들은 멀리 킹스린(King's Lynn)까지 옮겨져 북해로 오고 갔다.

　칼리지도 하천 무역을 통해 필요한 물품들을 정기적으로 조달했다. 대학 교수와 학생들에게 필요한 와인이나 차, 식료품 등 많은 물품이 포르투갈에서 수입되어 키사이드 인근의 창고에 보관되었다. 그곳이 포르투갈 플레이스(Portugal Place)라는 거리로, 지금은 깨끗한 주거지역으로 탈바꿈하였다.

모들린 브리지 위에 서서 바라보는 케임 강의 모습은 근사하다. 커다란 바지선이 오가는 예전 모습은 사라졌지만, 관광객을 가득 실은 조각배들과 아름다운 칼리지의 모습이 한편의 아름다운 수채화를 연상시킨다. 하지만 케임 강이 이렇게 휴식과 오락의 장으로 거듭난 것은 불과 100여 년이 조금 지났을 뿐이다. 19세기 말까지만 해도 케임 강은 심하게 오염되어 악취를 풍겼다. 이와 관련되어 다음과 같은 일화가 전해진다. 1843년 케임브리지를 방문한 빅토리아 여왕은 오염된 케임 강을 내려다보며 트리니티 칼리지의 윌리엄 워웰 (William Whewell) 교수에게 물었다.

모들린 브리지에서 바라본 전경

"강에 떠다니는 저 종잇조각들은 무엇이죠?" 필시 화장실에서 사용된 휴짓조각이었지만, 임기응변에 능한 워웰 교수는 능청스럽게 대답했다. "여왕님, 저것들은 강에서 수영하는 것을 금지한다는 내용의 안내지입니다."라고.

케임 강의 오염과 그를 극복하기 위한 역사는 길다. 10세기 앵글로 색슨 시대에 에드워드 왕은 케임 강을 연장하여 킹스 디취(King's Ditch)라는 수로를 만들었다. 마을을 방어하고 경계를 표시하기 위해서였다. 킹스 디취는 점차 확장되어 케임브리지 시의 남쪽과 서쪽을 둘러싸며 주요 거리를 따라 이어졌다. 하지만 도시의 위생 상태가 불결하던 시절이었기에 하천과 수로는 분뇨와 쓰레기, 하수 등으로 자주 막히며 오염의 온상이 되었다.

14세기 말, 케임브리지 의회는 반공해법(anti-pollution statue)을 통과시키며 수질 오염자는 쓰레기를 직접 제거하거나 20파운드라는 막대한 벌금을 물도록 하였다. 17세기에는 홉슨의 수로라는 인공 수로를 건설하여 케임브리지 남쪽에서 깨끗한 물을 끌어와 마을에 공급했다. 하지만 인구가 증가함에 따라 불결한 상태는 지속되었다. 빅토리아 시대에도 케임 강은 하수로 오염되어 악취를 풍겼다. 처리되지 않은 하수는 그대로 강물로 버려졌고, 장티푸스와 콜레라와 같은 수인성 전염병도 만연했다.

1895년, 마침내 케임브리지에 상·하수도 시스템이 공급되었다. 상·하수도 회사는 배수구를 설치하여 하수를 모은 후 증기 펌핑 스테이션에서 태워 동력을 만들었다. 하천이 깨끗해지고 철도 이용이 증가하자, 케임 강은 무역의 장에서 레크리에이션의 장으로 바뀌었다. 오늘날 케임 강은 펀팅(punting)과 조정(rowing), 수영, 낚시 등의 위락과 휴식, 마음의 즐거움을 선사하는 장소로 탈바꿈했다.

시내에서 가까운 케임 강변 중에서 밀풀(Mill Pool) 또는 밀폰드(Mill Pond)라 불리는 곳은 특히 아름답기로 정평이 나 있다. 밀풀은 케임브리지의 제분 산업이 번성하던 시절에 옥수수 제분공장이 여럿 모여 있던 곳이라 붙여진 이름이다. 근처에 있는 케임브리지 대학 센터 건물도 예전에 옥수수 제분공장이었다. 이곳에서 다윈 칼리지 쪽으로 이어지는 목초지는 걷기에 좋다. 다듬어지지 않은 잡초와 우거진 풀숲, 곳곳의 물웅덩이들, 벼락을 맞은 듯 희한한 모습으로 잘린 나무들, 그 속을 헤치며 걷다 보면 여기가 도시 한복판이라는 사실을 까맣게 잊어버리게 된다. 도시 한가운데에 이런 원시적인 느낌의 자연이 남아 있다니, 늘 감탄스러웠다.

밀풀은 다윈 칼리지 근처까지 이어진다. 이곳에서는 케임 강 상류까지 거슬러 올라가는 펀팅이 출발한다. 주변에는 한가로이 낚시를 즐기는 사람들도 있다. '벨라 이탈리아(Bella Italia)'라는 이탈리안 레스토랑도 있는데, 이곳 역시 뉴햄 제분소(Newhham Mill)라는 한때 잘 나가던 옥수수 제분소가 있던 곳이다. 한 폭의 수채화처럼 아름답고 고요하며 평화로운 정경에 감탄하여 카메라 셔터를 열심히 누르곤 했다. 그런데 밀풀을 좋아하는 사람은 나뿐만이 아니었나 보다. 알고 보니 이곳은 버트런드 러셀(Bertrand Russel)과 루퍼트 브루

크(Rupert Brook)와 같은 많은 유명 작가와 시인들이 즐겨 찾던 곳이
었다.

진화론으로 유명한 찰스 다윈의 아들과 손자들은 1960년경까지
다윈 칼리지 건물에서 살았다. 다윈의 손녀딸이자 목판화 조각가로
널리 알려진 그웬 르와트(Gwen Raverat)는 62살이 되던 해 자신의 어
린 시절을 회상하며 『Period Piece』라는 자서전을 썼다. 이 책에는
그녀가 어린 시절을 보낸 케임브리지와 밀풀 근처의 모습이 생생하고
도 정감있게 그려져 있다. 바지선들이 물건을 실어나르는 모습, 옥수
수 제분소가 활발하게 운영되던 모습과 같이 지금 우리는 볼 수 없지
만, 그녀에게는 일상이었던 케임브리지의 모습을 그려볼 수 있다.

참, 케임 강과 관련하여 장어 이야기를 덧붙이지 않을 수 없다. 장
어는 오랜 옛날부터 습지로 둘러싸인 케임브리지 지역의 특산물이었

아름다운 밀풀의 정경

다. 넓게 펼쳐진 습지대와 얕은 하천은 장어가 살기에 안성맞춤이었다. 특히, 케임브리지 시에서 가까운 일리(Ely)라는 곳의 장어는 예로부터 유명했다. 일리라는 도시 이름도 장어를 뜻하는 'eel'에서 유래한 것이었다. 장어는 중요한 식품인 동시에 수입원이었다. 장어가 풍부하다는 이야기를 듣자, 문득 맛있는 장어구이나 덮밥이 생각났다. 하지만 이곳에서는 장어를 주로 파이나 젤리, 스튜 형태로 먹는다고 했다. 어떤 맛일지 상상하기 어려웠다.

영국 최초로 공화정을 세운 올리버 크롬웰(Oliver Cromwell)은 17세기 케임브리지 시의원을 하면서 십여 년간 일리(Ely)에 살았던 적이 있다. 그가 살던 일리의 집은 오늘날 크롬웰 하우스라는 박물관으로 사용되고 있는데, 그 부엌에 그와 가족들이 즐기던 장어의 모형과 요리법이 전시되어 있다. 그에 따르면 장어 스튜는 장어를 잘라 푹 삶다가 중간에 식초와 맥주, 술, 그리고 파슬리와 달콤한 허브를 넣어 수프로 만든 후 소금을 쳐서 먹는다. 또, 장어 파이는 장어를 깨끗이 씻어 내장을 제거한 후 천 보자기에 싸서 잘 말린다. 그리고 소금과 후추, 육두구(nutmeg) 등의 향신료로 맛을 낸 후 버터와 레몬 슬라이스, 달걀 등을 넣어 파이로 굽는다. 열심히 설명을 읽고 상상해 보았지만, 어떤 맛일지 여전히 감이 잡히지 않았다.

오늘날에도 장어는 케임 강과 근처

크롬웰 하우스에 전시된 장어 모형

하천에서 잡히지만, 상업적인 수요는 크게 줄어 일반 상점에서는 거의 볼 수 없었다. 가끔 일리에서 열리는 축제나 행사 때나 볼 수 있는 모양이다. 주변의 몇몇 영국인들에게 물어보아도 대부분 너무 느끼할 것 같다고 손사래를 치며 먹어본 적이 없다고 했다. 장어 젤리나 스튜, 파이, 무슨 맛일지 궁금했지만, 결국 맛을 보지는 못했다.

케임브리지의 기본 정보

런던에서 북쪽으로 약 80킬로미터 거리에 위치하는 대학 도시로 잘 알려진 케임브리지는 고대 로마 시대부터 존재한 역사적 도시이자 교역이 활발한 상업도시이기도 했다. 현재는 케임브리지 대학을 중심으로 교육과 관광, 산업 도시로 성장하고 있다. 면적 40.7㎢, 인구 128,515명(2014년 기준)이며, 연평균 기온은 6℃~15℃이지만, 30℃ 이상의 날도 최근 증가하고 있다. 여행하기 좋은 시기는 6~10월 사이이다.

대학 이전에는 상업 도시

10세기 무렵 앵글로 색슨 시대에 케임브리지에는 번성한 거리가 두 곳 있었다. 로마인들이 최초로 정착한 캐슬힐(Castle Hill) 부근과 케임 강 남쪽의 시장(market) 주변이었다. 캐슬힐이 정치적, 군사적 중심지였다면 시장은 경제생활의 중심지였다. 오늘날 케임브리지는 국제적으로 유명한 대학 도시지만, 그 이전에는 상업과 무역으로 번성한 도시였다. 시내 한복판에서 열리는 시장은 대학 도시 케임브리지의 또 다른 모습이고 전통이었다.

케임브리지 시장이 서는 마켓 스퀘어(Market Square)는 마켓힐(Market Hill)과 피스힐(Peas Hill)이라는 거리에 위치한다. 시장에서는 주변 경작지에서 생산된 밀이나 보리 등의 농산물과 울, 장어 등의 지역 산물들이 거래되었다. 케임 강을 따라 배를 타고 주변 지역의 상인들도 모여들면서 케임브리지 시장은 점차 상업의 거점이 되었다.

시장은 오늘날까지 변함없이 이어지고 있다. 예전에는 매주 토요일마다 장이 섰지만, 지금은 매일 시장이 열린다. 마켓 스퀘어는 사방으로 주요 거리와 연결되어 있어 케임브리지를 구경하다 보면 몇 번씩이나 지나치기 마련이다. 특별히 살 것이 없어도 한 번씩 둘러보면 시간 가는 줄 모른다. 싱싱한 과일과 채소, 찻잔과 그릇, 오래된 책, 수제 빵과 치즈, 옷, 목공제품 등 없는 것 빼고 다 있는 느낌이다. 영국의 옛날 동전이나 단추 같은 골동품도 판다. 엘리자베스 여왕의 젊은 시절 모습이 새겨진 옛날 동전을 발견한 적도 있다. 대부분 지역민이 생산한 제품들이지만 자세히 보면 외국 제품들도 있다. 한쪽

케임브리지 도심에서 매일 열리는 시장

에는 중국 만두나 타이 요리를 파는 간이 식당들도 있다. 이 중국집의 만두는 꽤 인기가 있어 종종 줄을 서야만 한다.

일요일에는 지역 농부들이 생산한 농산물과 지역산 소고기, 빵 등을 파는 파머스 마켓(Farmer's Market)이 열린다. 지역산 소고기라는 푯말을 보니 동네 풀밭에서 한가로이 풀을 뜯다가 늦가을 홀연히 모습을 감추었던 소들이 떠올랐다. 고깃집 옆에는 당근 케이크와 홍차 케이크, 스콘 등 신선한 수제 빵을 파는 베이커리가 있는데, 이곳의 빵은 저렴하면서도 첨가제가 거의 들어있지 않아 담백하고 맛있었다.

시장을 실컷 구경한 다음에는 그 주변을 둘러보는 것도 재미있다. 케임브리지 시의 깃발과 문장이 걸려 있는 갈색의 벽돌 건물은 길드홀(Guild Hall)이다. 지금은 시 의회 본부로 사용되고 있지만 18세기에는 부유한 상인들이 모이던 장소였다. 이 건물은 1939년에 재건축되었는데, 그 당시 공청회에 참여했던 많은 주민이 설계안에 반대했다고 한다. 케임브리지의 다른 건축물들에 비해 너무 단순하고 멋이 없다는 이유에서였다. 하지만 설계안은 그대로 반영되었고, 장식 없이 밋밋한 네모 창문들이 쭉 달린 갈색 건물은 지금까지 자리를 지키

케임브리지 시 의회 본부가 있는 길드홀

고 있다. 훌륭한 건축물들이 즐비한 케임브리지의 의회 건물치고 평범하기 그지없기는 하다.

길드홀 앞쪽에는 알록달록 색깔도 모양도 예쁜 조각상이 하나 서 있다. 아무런 표지판이 없어 그 조각상이 무엇인지, 왜 거기에 있는지 처음엔 몰랐다. 심지어 조각상 한쪽에 걸터앉으려고까지 했다. 그런데 우리의 영국인 친구가 어느 날 물었다. 길드홀 앞에서 스노우 파(Snowy Farr)라는 사람의 조각상을 보았느냐고? 알고 보니 그는 거리에서 기부금을 모으던 케임브리지에서는 꽤 유명한 사람이었다. 원래

거리에서 기부금을 모으던
스노우 파(Snowy Farr)의 조각상

도로 청소부 일을 하던 스노우 파는 은퇴 후 장애인, 특히 맹인들을 위한 기부금을 모으는 일에 뛰어들었다. 2007년 타계하기 전까지 늘 광대처럼 우스꽝스러운 복장과 익살스러운 행동을 하며 꽤 많은 기부금을 모았다. 그의 선행은 널리 알려져 버킹엄 궁전에서 훈장까지 받았다. 이야기를 들은 후 다시 보니 조각상은 주황색 옷과 챙 넓은 모자를 쓰고 쥐와 고양이, 개 등의 동물들을 데리고 다니던 그의 생전 모습을 본뜬 것이었다.

길드홀 옆의 피스힐(Peas Hill)이라는 거리에는 케임브리지 정보센터가 있다. 로마자 알파벳 아이(i)로 표시되어 있는 이곳은 관광안내센터이다. 케임브리지에 대한 여러 정보를 주고 워킹 투어를 예약할 수도 있으며 간략한 동영상을 시청할 수도 있다. 아이(i)라고 표시된 모자와 제복을 입고 크로스 가방을 멘 채 거리를 거니는 정보센터의 안내원들도 종종 볼 수 있다. 관광객들이 다가가 정보를 물으면 그들은 지도를 펼치며 친절하게 안내해 준다. 때로는 한 손바닥 안에 쏙 들어갈 만한 작은 지도를 주기도 한다.

피스힐(Peas Hill) 거리에는 예전에 생선 가게들이 많았다. 여기에 한 가지 흥미진진한 이야기가 전해지고 있다. 17세기경 스키너(Skinner)라는 한 어부가 킹스린(King's Lynn)의 바닷가에서 대구를 잡은 후 피스힐의 생선 가게로 보냈다. 그런데 가게 주인이 생선을 팔기 위해 배를 가르자 그 안에 범포(sailcloth)에 싸인 책이 들어 있는 게 아닌가! 깜짝 놀라 모인 사람들 가운데에 케임브리지 대학 직원이

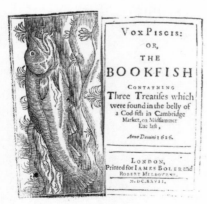

17 세기에 출판된 북피쉬(Bookfish)의 표지

있어 그 책을 부총장인 고슬링 박사(Dr. Gostling)에게 보냈다. 고슬링 박사는 책을 대학 도서관에 보관하는 한편, 런던으로 보내 1626년 북피쉬(Bookfish)라는 제목으로 재출판하였다. 16세기 존 프리스(John Frith)라는 종교 개혁가가 자신의 종

교적 신념 때문에 런던 타워에 투옥되었던 사건에 관해 쓴 책이었다. 존 프리스는 1533년경 이미 사망했으니, 백여 년이나 지난 후에 물고기를 통해 책의 존재가 알려진 것이다. 어쩌다 그 책이 물고기 뱃속으로 들어가 어부의 손을 거쳐 출판까지 되었는지 참으로 기막힌 우연이 아닐 수 없다.

그런데 우리를 또 한 번 놀라게 한 것은 1626년 런던에서 출판된 그 책이 케임브리지의 중앙 도서관에 보관되어 있다는 사실이었다. 우리는 그 책을 보기 위해 도서관으로 달려갔다. 케임브리지셔어[2] 컬렉션(Cambridgeshire Collection)에서 보관하고 있었다. 책은 자료 가치가 높아서인지 일반 열람실이 아닌 다른 방에서 관리되고 있었다. 사서에게 정중하게 부탁하니 잠시 후 가져다주었다. 사백 년이나 된 책을 손에 드니 행여 상처라도 날까 싶어 살짝 긴장되었다. 종잇장도 조금만 힘을 주면 바스러질 것만 같았다. 옛 영어로 쓰였기에 내용을 잘 알기는 어려웠지만, 그저 신기하고 설레는 마음으로 이리저리 살펴보았다. 1870년도에 브라운(W.R.Brown)이라는 사람이 사건의 전말을 기록한 짤막한 신문 기사도 도서관 DB에서 검색할 수 있었다.

마켓 스퀘어 주변에는 전통과 현대가 공존한다. 갭(Gap)이나 캐스키드슨(Cath Kidston), 보스(Boss), 막스앤스펜서(M&S)와 같은 현대식 상점들이 줄지어 있는 한편, 케임브리지 대학 교회인 그레이트 세인

---

2 셰어(shire)는 앵글로 색슨 시대부터 유래한 말로 주(州)를 의미한다. 케임브리지셔어에는 케임브리지시를 비롯한 다수의 시(city)와 타운(town), 빌리지(village)가 포함되어 있다.

마켓 스퀘어에서 보이는 그레이트 세인트 메리 교회

트 메리 교회(Great St. Mary Church)가 고풍스럽게 자리 잡고 있다. 오늘날 마켓 스퀘어는 많은 사람들이 오가는 평화롭고 활기찬 장소지만 중세시대에는 공개 처형이 이루어지는 무시무시한 장소가 되기도 했다. 14세기 말에는 대학의 지나친 특권과 높은 세금에 화가 난 주민들이 대학을 공격하여 많은 문서를 빼앗아 이 광장에서 불태우기도 했다. 16세기, 헨리 8세가 시작한 종교개혁의 시대에는 많은 종교 이단자들이 이곳에서 화형되었다. 특히, 헨리 8세와 첫째 부인 캐서린 사이에서 태어난 메리 여왕은 개신교로 바뀌었던 영국 국교를 다시 가톨릭으로 되돌리면서 많은 개신교 신자들을 이곳에서 공개 처형했다.

시장의 한편은 세계 어느 도시에나 있을 법한 맥도날드 햄버거가 있는 좁은 골목으로 이어진다. 이 골목 입구의 왼쪽 벽면에는 사각형의 청동 명판이 걸려 있다. 자세히 보면 1862년 찰스 칼버리(Charles Calverley)라는 시인이 쓴 「Ode to Tabacco」라는 시이다. 이 시인은 원래 옥스퍼드 대학에 다녔는데, 지나친 장난을 일삼다가 쫓겨나 케임브리지 대학의 크리스트 칼리지(Christ College)에 다녔다. 케임브리지에서도 그는 짓궂은 장난과 풍자를 즐기는 괴짜 시인으로 유명했다. 명판에 새겨진 시는 옛 영어를 사용하였기에 이해하기 어렵지만, 담배의 해악을 풍자한 내용으로 이 건물 이 층에 있던 담뱃가게 주인에게 바치기 위한 것이었다. 당시에도 담배를 많이 피우다 목숨을 잃는 등 담배의 해악과 중독성이 이미 알려졌었나 보다.

담배의 해악을 풍자한 칼버리의 시

비가 추적추적 내리고 바람이 불거나 울적한 날에도 마켓 스퀘어에 나와 이리저리 둘러보다 보면 저절로 활기가 느껴진다. 그런데 일년 중 딱 하루, 크리스마스날에는 이곳도 아주 조용했다. 크리스마스에는 모두 집안에서 가족과 함께 보내느라 상점도, 식당도 문을 닫고, 심지어 기차와 지하철도 전날부터 운행하지 않았다. 크리스마스날, 딱히 할 일이 없던 우리는 거리 풍경을 구경하러 나갔다. 역시나 맥도날드와 스타벅스마저 문을 닫고 거리는 정말이지 썰렁했다. 간혹 교회를 찾는 사람들과 한두 명의 관광객들만이 지나다녔다. 정적이 감도는 마켓 스퀘어를 보노라니 왠지 낯설고 쓸쓸한 기분마저 들었다. 다행히도 영국의 겨울답지 않은 환한 햇살이 비추고 있었다.

크리스마스 날, 텅 빈 거리에 자전거만 덩그렁 있다.

케임브리지 대학의 탄생

케임브리지 시내를 걷다 보면 보기보다 훨씬 오래된 수백 년쯤 된 교회를 어렵지 않게 볼 수 있다. 대부분이 14세기 이전에 설립된 것들이다. 그중에서도 1025년에 지어진 세인트 베넷 교회(St. Benet's Church)는 케임브리지에서 가장 오래된 건물로 앵글로 색슨 시대의 대표적인 건축양식을 보여준다. 베넷 교회에서 가까운 세인트 에드워드(St. Edward King and Martyr) 교회는 '종교개혁의 요람'이라 불리는 곳이다. 1500년대의 유명한 종교 개혁가이자 케임브리지 대학교수였던 휴 라티머(Hugh Latimer)는 이 교회에서 수많은 대중 연설을 하며 신교를 전파하였다. 또 킹스 퍼레이드(King's Parade)에 있는 세인트 보톨프(St. Botolph) 교회는 중세 여행자들의 무사안위를 빌던 곳이었다.

사후세계를 믿는 중세 시대에 교회는 사람들의 삶의 중심이었다. 상업의 발달은 교회를 더욱 강하고 부유하게 만들었다. 마을이 상업으로 번성하면서 나무로 만들어진 초기 교회들은 석조로 개조되었다. 교회는 예배를 보는 곳일 뿐 아니라 공공 이벤트와 상인들의 집합 장소, 병원과 학교로도 이용되었다. 교회의 수도사들은 병자와 가난한 자를 돕고 여행객에게 방을 제공하는 등 마을의 중요한 역할을 했다.

교회의 성장에는 상인들의 힘이 컸다. 상인은 대학이 생기기 전 중세 케임브리지에서 가장 부유하고 힘 있는 사람들이었다. 상인들은 길드(guild)라는 조직을 통해 조합원들의 거래를 관리하고 외지 상

케임브리지에서 가장 오래된 건물, 세인트 베넷 교회

인들에게 사용료를 부과하는 등 자신들의 이권을 챙겼다. 왕도 로얄 차터(Royal Charter) [3]를 발행하여 세금 감면과 같은 상인들의 특권을 인정해 주었다. 당시 케임브리지는 마을 대표를 직접 선출할 권리는 물론 자체의 법정과 화폐도 이미 지니고 있었다.

상업과 교회의 성장은 신학자를 양성하기 위한 대학이 안착할 수 있는 토대가 되었다. 당시 영국에서 유일하게 대학이 있던 곳은 옥스퍼드였다. 12세기 영국 최초로 대학이 만들어진 옥스퍼드에서는 대학의 규모가 커지면서 마을과 크고 작은 갈등이 불거졌다. 그러던 중 1209년 세 명의 옥스퍼드 대학생이 부녀자 살인 사건에 휘말리는 사건이 벌어졌다. 그로 인해 두 명의 대학생이 살인죄로 참수를 당하자 대학은 그에 반발하여 일시적으로 문을 닫았다. 이를 계기로 많은 학생들이 옥스퍼드를 떠나 대학이 있던 파리 등의 유럽으로 건너갔다. 그중 일부는 케임브리지로 모여 들었다. 케임브리지는 이미 상업과 종교 활동의 중심지였기에 신학자들이 정착하기에 안성맞춤이었다.

옥스퍼드의 학자들이 처음 케임브리지에 도착했을 때에는 대학 건물이 전혀 없었다. 교수들은 세인트 베네트 교회(St. Benet's Church) 같은 종교 시설에서 강의를 하며 호스텔(hostel)이라는 곳에서 학생들과 공동생활을 했다. 호스텔은 일종의 하숙집 같은 곳으로 학생들의 숙식을 해결해주었다. 대학 총장의 허가와 감독 속에서 운영된 호스텔이 14세기 30여 개가 넘었고, 이중 많은 수가 부유한 후원자

---

3 로얄 차터(Royal Charter)는 국왕이 개인이나 단체의 권리를 인정해주는 정식 문서로 케임브리지는 1201년 존(John) 왕으로부터 최초의 로얄 차터를 받았다.

로부터 돈과 토지를 기부받아 훗날 칼리지가 되었다.

1284년 드디어 교수와 학생들이 함께 기거하며 연구할 수 있는 최초의 칼리지 피터하우스(Peterhouse)가 설립되었다. 초기의 칼리지들은 대개 스무 명 안팎의 교수와 학생들로 구성된 자급자족적인 기독교 공동체였다. 그들은 성직자 관복을 입고 매일 기도를 하는 수도원의 전통을 따르며 신학 공부에 전념하였다. 당시에는 수도원이 모든 생활의 중심이었고 수도원에서 일할 성직자의 양성이 대학의 일차적인 목적이었다. 1291년에 케임브리지 대학은 왕의 정식 허가를 얻었고, 1318년에는 교황 7세의 승인을 받아 전세계로부터 학생을 받을 수 있는 정식 대학이 되었다.

1349년경 흑사병이 마을을 덮쳐 많은 사람들이 목숨을 잃은 가운데 공동 생활을 하던 신학자들의 희생도 컸다. 이에 부족해진 신학

케임브리지 최초의 칼리지, 피터하우스

자를 양성하기 위하여 칼리지들이 설립되었다. 숙박시설과 도서관, 식당, 채플, 정원 등으로 구성된 피터하우스를 모델로 하여 백여 년 간 여덟 개의 칼리지가 생겼다. 이렇게 칼리지가 연이어 설립될 수 있었던 것은 부유한 후원자들 덕분이었다. 초기 후원자들은 대개 왕과 왕비, 대주교나 부유한 미망인들이었다. 그들의 후원은 대부분 종교적인 동기에서 비롯되었다. 종교가 모든 생활을 지배했던 중세 시대에 사람들은 천국과 지옥이 있는 사후 세계를 믿었다. 돈 많은 상류층들은 천당에 가기 위해 대학에 돈을 기부하고 사후 명복을 빌어주기를 부탁했다. 그들을 위해 매일 기도하는 일은 대학의 중요한 역할 중의 하나였다.

💡 라틴어 숫자 읽는 방법

　케임브리지는 물론 유럽 여행 중, 자주 접하는 라틴어 숫자는 몇 가지 규칙만 알고 있으면 쉽게 읽을 수 있다. 1~10까지는 우리가 알고 있는 로마 숫자 'I, II, III, IV, V, VI, VII, VIII, IX, X'와 같다. 10 이상은 'XI, XII…'으로, 20은 'XX', 50은 'L', 100은 'C', 500은 'D', 1000은 'M'으로 표기한다. 또한, 작은 숫자가 큰 숫자 앞에 올 때는 큰 숫자에서 작은 숫자를 빼주어야 한다. 예를 들어 'IV=5-1=4', 'XC=100-10=90'이다. 또한, 'MCM'은 1900년, 'MCMX'은 1910년, 'MCMXLVIII'은 1948을 나타낸다.

대학과 칼리지

케임브리지에 처음 온 사람들은 종종 "대학은 어디 있나
요?"라고 묻는다. 유럽을 다녀본 사람들은 도시의 건물들 사이로 여
기저기 흩어져 있는 대학들을 보았을 것이다. 레스토랑이나 호텔, 평
범한 주택 같은 건물인데 다가가 보면 대학 강의실이나 연구실이라
는 표지판이 붙어 있기도 하다. 담장으로 둘러싸여 건물들이 한군데
에 모여 있는 우리네 대학과는 사뭇 다른 모습이다. 케임브리지 대학
도 그러하다. 도시 전체에 대학 건물들이 분산되어 있어 딱히 위치
를 꼬집어 말하기 어렵다. 굳이 묻는다면 특정 칼리지의 위치를 물어
야 한다. 케임브리지 대학을 이루는 서른 한 개의 칼리지들이 제각
기 다른 곳에 자리잡고 있기 때문이다.

케임브리지 대학은 파리의 대학 방식을 모방하였다. 1257년부터
시작된 파리의 소르본느 대학은 당시 유명한 칼리지(college), 불어로

는 콜레지움(collegium)중의 하나였다. 칼리지란 학생과 교수들이 공동생활을 하면서 소규모 또는 개인 교습 위주로 학습하는 커뮤니티를 말한다.

칼리지에 소속된 전임 교수를 펠로우(fellow)라고 한다. 펠로우들은 19세기 이전까지 칼리지의 공동 생활을 약화시킬 수 있다는 이유로 결혼이 금지되었다. 그들은 평생 독신으로 지내며 칼리지안에서 학생들을 가르치며 함께 살았다. 학생들은 칼리지에서 먹고, 자고, 공부한다. 여가활동도 즐기고 파티도 하며 대부분의 사회적, 학문적 생활을 칼리지에서 보낸다. 따라서 칼리지는 여기에 필요한 모든 시설들, 예를 들어 학생들의 주거 공간, 식당, 도서관, 채플(chapel), 휴게실, 정원 등을 내부에 갖추어야 한다. 이러한 칼리지들이 오늘날까지 서른 한 개나 생겨 케임브리지 대학을 이루고 있다.

칼리지와 대학은 무슨 관계일까? 그게 한동안 참 헷갈렸다. 그런데 의외로 대학과 칼리지 간의 관계를 정확히 아는 사람이 적었다. 외국 학생들이 대부분인 공학과 대학원에서는 더욱 그랬다. 특별히 관심을 기울이지 않는 한 학생들도 잘 모르는 것 같았다. 여기저기 알만한 사람들에게 묻고 책이며 인터넷을 찾아 보니, 칼리지는 우리나라의 단과 대학과는 전혀 다른 개념이었다.

서른 한 개의 칼리지들은 제각기 설립 역사가 다를 뿐 아니라 고유의 문장(shield)과 문화, 규정을 지니고 있다. 칼리지들은 재정적으로도 독립적인 주체여서 자산과 수입을 별도로 관리하고, 제각기 다른 기준에 따라 입학생들을 선발한다. 케임브리지 대학에 입학하려는 학생들은 먼저 칼리지에 지원하여 합격해야 한다.

그렇다면 대학은 무슨 일을 하는가? 대학은 전체적인 교육 행정과 학위 수여 등을 총괄한다. 대규모 강의와 시험을 조정하고 강사와 교수를 임명하며, 강의실과 실험실, 도서관과 같은 중앙 시설을 제공한다. 칼리지별로 합격한 학생들에게 최종적으로 입학 자격을 주고 학위를 수여하는 곳도 대학이다.

대학과 칼리지간의 관계는 시간에 따라 다소 변하였다. 19세기초까지만 해도 거의 모든 대학 생활이 칼리지 위주였고 대학은 행정이나 학위 수여 등을 지원하는 정도에 그쳤다. 하지만 1920년대에 대학의 책임을 강화하는 법안이 통과되면서 칼리지의 학문적 역할이 상대적으로 줄어들었다. 특정 칼리지에 소속되지 않은 대학 산하의 과(department)나 학부(faculty)도 생겼다.

오늘날 칼리지의 주요 역할은 학생들에게 소그룹별 교습과 생활 전체를 세심하게 지도하는 것이다. 칼리지 학생들은 두 세명 정도의 소그룹별로 튜터(tutor)의 지도를 받는데 이를 슈퍼비전(supervision)이라 한다. 슈퍼비전은 기본적으로 칼리지에 의해 구성되고 제공된다. 학생들은 과목별로 매주 에세이를 제출하여 학문적 지도를 받는 한편, 숙식과 도서관, 스포츠, 여가 활동 등 생활 전반의 지도도 받는다. 칼리지에 소속된 펠로우(fellow)들이 학생들의 과목별 지도와 생활 전반을 보살피는 튜터(tutor)로 활동한다.

칼리지의 권한이 예전보다 많이 줄었지만 오늘날에도 칼리지는 학생들의 선발과 입학 허가를 총괄한다. 케임브리지 대학에 입학하려는 학생들은 고등학교에서 A레벨 시험을 통과한 후 칼리지별로 면접 시험을 보아야 한다. 예전에 있던 본고사는 폐지되었다. 대개 학생들의 칼리지 선택은 전공별 칼리지의 명성에 따라 좌우되는 편이지만 출신 고등학교나 칼리지 규모 등에 따라서도 달라진다. 예를 들어 의학은 곤빌앤키스 칼리지, 법률은 트리니티홀의 명성이 높다. 또, 영국의 명문 사립 고등학교인 이튼 스쿨 졸업생은 킹스 칼리지와 관련이 깊다.

과거 수 세기 동안 케임브리지 대학에서 교육과 시험은 구두 논쟁으로 이루어졌다. 책이 비싸고 드문 시절에는 개인적인 독서와 학습의 비중이 아주 적었다. 읽기는 공동 학습이었다. 그대신 교수와 학생이 대면하는 구두 학습이 주를 이루었고, 그중에서도 논쟁 기술이 중시되었다. 15세기 후반 인쇄술이 발달하면서 읽기는 점차 조용한 사적 활동으로 바뀌었고, 대학은 늘어나는 책을 소장하기 위한 도서관을 만들었다.

오늘날, 매년 4월에서 6월 초까지는 트라이포스(Tripos)라는 학생들의 시험기간이다. 본격적인 시험기간 동안에는 일부 유료 칼리지를 제외한 대부분의 칼리지들이 외부인의 출입을 금지한다. 트라이포스는 15세기 학생들이 구두 시험을 보기 위해 앉았던 다리가 세 개 달린 의자(Three-legged stool)에서 비롯된 말이다. 시험 결과에 따라 학생들은 퍼스트 클래스(First class)등 몇 개의 등급으로 구분된다.

칼리지들은 매년 트라이포스 시험 결과를 두고 경쟁한다. 1981년에는 트리니티 칼리지의 학부 3학년이었던 피터 톰킨스(Peter

Tompkins)이 칼리지간의 성적을 비교하기 위한 톰킨스 테이블(Tompkin's Table)을 만들었다. 매년 고등학생과 케임브리지 대학 지원자들, 졸업생 등이 그 결과에 주목하고 있다. 2015년에는 트리니티 칼리지가 가장 높은 성적을 거두었고, 모들린 칼리지와 처칠 칼리지가 그 뒤를 이었다.

길고 긴 학기말 시험이 끝난 후 6월 중순부터는 메이볼(Mayball)이라는 축제가 시작된다. 칼리지들은 축제를 준비하느라 바쁘다. 메이볼 기간 동안 학생들은 연회와 파티, 공연 등을 즐기며 스트레스를 마음껏 풀고, 거리는 축제 분위기로 무르익는다. 도통 화장이나 옷차림에는 관심없어 보이던 여학생들도 이때만큼은 화려한 드레스와 진한 화장으로 변신하여 거리를 누빈다.

오늘날까지 대학과 칼리지는 따로 또 같이 조화로운 관계를 유지하고 있는 듯하다. 칼리지는 생활과 소규모 학습 면에서, 대학은 보다 큰 시스템 차원에서 학생들을 교육한다. 서른 한 개의 칼리지들은 여러 면에서 경쟁하며 저마다의 명성을 유지하려 애쓴다. 같은 케임브리지 대학이라 해도 칼리지별로 규모나 역사, 문화, 재정, 경쟁력 등이 천차만별이다. 케임브리지와 옥스퍼드를 통틀어 가장 부자이면서 노벨상을 서른 개 이상이나 수상한 트리니티 칼리지에는 영국에서 가장 똑똑한 수재들이 모여든다. 그런가 하면 학생 수는 적지만 특별한 분야의 전문성이 강한 칼리지들도 있다.

재미있는 건 칼리지 하나하나 저마다 독특한 설립 목적과 의미, 흥미진진한 이야기들을 담고 있다는 점이다. 칼리지의 허름한 문, 문장, 조각과 그림, 오래된 담장, 그림 같은 정원, 경건한 채플, 어느 것 하나 이야기를 지니지 않은 것이 없었다. 가이드 투어와 강연, 각종 자료 등을 통해 이야기들은 끝도 없이 이어질 듯 쏟아져 나왔고 알면 알수록 칼리지 방문은 즐거워졌다. 그냥 지나치고 말던 걸 새로 찾아보고 들춰보고 물어보고 아예 탐색전을 벌이게 되었다. 하루나 반나절이면 둘러보고 떠나기 십상인 케임브리지 대학 칼리지들, 그 안에 담겨진 역사와 이야기들을 안다면 좀더 재미와 흥미를 더할 수 있을 것이다.

케임브리지 대학의 개요

　케임브리지 대학은 1284년에 최초로 피터하우스가 설립된 이후, 31개의 칼리지로 구성되었다. 칼리지는 각자 학생을 선발하고, 운영하는 독립기관으로 고유의 건물과 토지를 보유하고 있으며 한국의 칼리지나 단과대학과는 전혀 다른 성격을 지닌다. 예를 들어, 같은 전공을 배우는 학생이라도 소속 칼리지는 모두 다를 수 있다. 31개의 칼리지 중 3개는 여학생만이 입학 가능하다.

　현재 케임브리지 대학에는 교직원 9,823명, 학부 학생 12,077명, 대학원생 6,451명이 소속되어 있으며, UK 학생이 39%, EU 학생이 21%, 기타 40%를 차지하고 있다. 칼리지 비용을 포함한 연간 학비는 UK&EU 학생의 경우 약 16,000파운드, 기타 학생의 경우 27,000파운드 정도이다.

　케임브리지나 옥스퍼드 대학에 입학하기 위해서는 A-level이라는 영국 고등학교 12, 13학년 과정의 시험을 통과해야 한다. 이때, 13학년은 우리나라의 대학교 1학년 과정과 비슷한 수준이어서 많은 영국 대학이 전공과목만을 이수하는 3년 과정으로 학사학위를 수여하고 있다. A-level은 영국 학생들이 대학을 가기 전에 치르는 입학시험 같은 것으로, 과목별 성적이 AAA, AAB 등으로 나온다. 케임브리지와 옥스퍼드 대학에 입학하기 위해서는 대부분 AAA를 받아야 한다.

　케임브리지 대학은 예술인문학(Arts and Humanities), 생명과학(Biological Sciences), 의학(Clinical Medicine), 인문사회과학(Humanities and Social Sciences), 자연과학(Physical Science), 기술(Technology)의 6개의 스쿨(School)로 구성되어 있고 그 아래에 많은

학부(Faculty)나 과(Department)들이 있다.

대부분의 수업과 전공교육은 학부(Faculty)나 과(Department)에서 이루어지고, 그 외 사교 및 생활은 칼리지(College)에서 이루어진다. 학부생은 우선 칼리지의 입학 허가를 받아야 하며, 이후 전공을 결정한다. 학부(Faculty)나 과(Department)에서는 강의, 시험, 학위를 받으며 칼리지에서는 슈퍼비전(Supervision)이라는, 튜터를 중심으로 한 소수 정예교육이 이루어진다. 이때, 칼리지에 소속된 교수인 펠로우(fellow)들이 튜터 역할을 맡는다. 튜터는 1시간 단위의 소수정예 교육을 매주 2회 정도 제공하는데, 주로 학부(Faculty)나 과(Department)에서 배우는 내용에 대한 예·복습이 이루어진다. 그리고 정기적으로 포멀 디너(Formal Dinner)라는 식사 시간을 통하여 예절 및 사교 활동을 배운다.

학부생과는 반대로 대학원생은 우선 학부(Faculty)나 과(Department)에서 입학허가를 받은 후, 본인이 가고 싶은 칼리지(College)를 학교 본부에 제출하거나 특별한 선택이 없을 시에는 학교로부터 배정받는다. 대학원생은 대부분 학부(Faculty)나 과(Department)에서 연구를 하며, 경우에 따라서는 칼리지(College)에서 학부생들의 튜터 역할을 하기도 한다.

31개의 칼리지 중에서 트리니티 칼리지가 가장 많은 노벨상과 영국 수상을 배출했으며 재정 면에서도 가장 부유하다. 전통적으로 곤빌앤키스 칼리지는 의학, 트리니티홀은 법학, 처칠 칼리지는 공학 분야에서 명성을 쌓아 왔다.

대학의 최고 수장을 총장(chancellor)이라 하고 칼리지의 최고 수장은 대개 마스터(master)라 부른다. 하지만 마스터 대신 다른 호칭을 쓰는 칼리지도 있다. 킹스 칼리지는 마스터(master) 대신에 '프로보스트(provost)'라고 부른다. 퀸스 칼리지를 비롯한 다섯 개 칼리지는 '프레지던트(President)'라 하고, 이외에 'Principal', 'mistress', 'warden'이라는 호칭도 사용되는데 모두 칼리지의 최고 책임자를 뜻하는 말이다. 마스터는 대개 칼리지의 펠로우들 중에서 선출된다. 총장도 선출직으로 주로 왕족이나 귀족, 저명한 정치인들이 맡는다. 얼마전까지 케임브리지 대학의 총장은 엘리자베스 여왕의 부군인 필립 공(Duke of Edinburgh)이었으나 지금은 세인즈베리 경(Lord Sainsbury)으로 바뀌었다. 이분은 영국의 대형 슈퍼마켓 체인중의 하나인 세인즈베리(Sainsbury)를 운영하는 가문 출신이다. 사실 총장은 상징적인 존재에 가까워 일 년에 한두 번 학위 수여를 하는 정도가 전부이다. 대학의 실질적인 대표 역할은 7년에 한번 씩 선출되는 부총장(Vice-chancellor)이 수행한다.

물리적, 정신적 중심지,
그레이트 세인트 메리 교회

케임브리지의 중심, 마켓 스퀘어의 한 편은 고풍스러운 교회와 맞닿아 있다. 이 교회가 바로 오랫동안 케임브리지 대학의 교회 역할을 해 온 그레이트 세인트 메리 교회(Great St. Mary's Church)다. 1209년부터 18세기 세닛 하우스(Senate House)가 생기기 전까지 교회는 대학 행정과 운영의 중심으로 강연과 시험, 회의, 졸업식 등의 각종 행사가 이루어지던 곳이었다.

이 교회 자리에는 아주 오래전 앵글로 색슨 시대부터 교회가 있었다. 교회의 원래 이름은 '시장 옆 세인트 메리 교회(St Mary's-by-the-Market)'였다. 그런데 근처에 리틀 세인트 메리 교회(Little St. Mary Church)가 생기자 이와 구별하기 위해 그레이트 세인트 메리

그레이트 세인트 메리 교회

교회(Great St.Mary Church)로 이름을 바꾸었다고 한다. 교회는 한때 화재로 완전히 소실되었으나, 15세기 후반과 19세기에 지금과 같은 모습으로 다시 지어졌다. 킹스 칼리지 채플을 설계한 존 왓슬(John Wastell)과 조지 길버트 스콧(George Gilbert Scott)과 같은 당대 최고의 건축가들이 재건축에 참여했다.

교회 이름 중의 '세인트 메리(St. Mary)'는 성모 마리아를 뜻한다. 교회 담장을 장식한 조각 MR도 'Mary Regina', 즉 하늘의 여왕인 성모 마리아를 뜻한다. 그 옆에 있는 어여쁜 백합 조각은 순결함의 상징으로 처녀의 몸으로 예수를 잉태한 성모 마리아를 표현한 것이다. 교회 내부는 그리 넓지 않지만, 정갈하고 엄숙한 영국 교회의 분위기를 느낄 수 있다. 예수의 부활을 상징하는 독수리 조각의 악보

성모 마리아를 뜻하는 교회 담장의 조각 장식

대와 정면의 커다란 금색 문장, 돌로 된 세례반 등 곳곳에 성서의 내용을 상기시키는 장식들이 있다.

16세기 그레이트 세인트 메리 교회는 종교 개혁의 소용돌이 속에서 예배와 논쟁의 중심지였다. 헨리 8세는 로마 가톨릭 교황청이 첫 부인과의 이혼을 반대하자 이에 등을 돌리고 영국 성공회를 세워 종교개혁을 추진하였다. 당시 가톨릭은 면죄부를 파는 등 타락과 부패로 얼룩져 있었고, 독일을 중심으로 새로운 종교개혁의 움직임이 퍼져 나가고 있었다. 헨리 8세는 이러한 분위기를 이용하여 자신의 이혼을 성사시키려고 했다. 케임브리지 대학의 학자들은 헨리 8세의 이혼을 지원하고 성공회를 세우는 일을 도왔다. 하지만 헨리 8세의 뒤를 이은 여왕 메리가 국교를 다시 가톨릭으로 바꾸면서 많은 종교개혁가들을 화형에 처하였다. 이단으로 알려진 책들은 교회 밖에서 불태워졌다.

교회 앞쪽의 바닥에는 마틴 부서(Martin Bucer)라는 독일에서 온 종교 개혁가의 명판이 있다. 그는 1550년 케임브리지 대학의 신학 교수로 임명되었으나, 그다음 해에 사망하여 교회에 묻혔다. 메리 여왕은 종교 개혁가들을 벌할 때 그의 시체까지 파내어 마켓 스퀘어에서 공식적으로 화형 시켰다. 그 뒤를 이은 엘리자베스 1세 여왕이 국교를 다시 개신교로 바꾸며 마틴 부서의 묘를 다시 교회 내에 안치하였다고 한다.

그레이트 세인트 메리 교회는 전형적인 영국 성공회의 분위기를 지닌다.

교회 입구의 오른편에 있는 123개의 나선형 계단을 오르면 17세기 초에 만들어진 타워 꼭대기에 이를 수 있다. 당시 케임브리지에서 가장 높은 건물이었을 타워 위에서는 시내 주변을 한눈에 관망할 수 있다. 이 타워에는 시간을 알리는 종이 있다. 예전에 케임브리지 학생들은 교회로부터 반경 3마일 이내에서 교회 종소리[4]를 들으며 생활했다. 야간 통행금지가 있던 시절, 밤 9시를 알리는 종이 울리면 학생들은 칼리지로 귀가해야 했다.

교회는 케임브리지의 정신적 중심지였을 뿐 아니라, 물리적 중심지이기도 했다. 교회 입구의 오른편 외벽에는 진한 잿빛의 둥근 명판이 걸려 있다. 가까이 다가가 읽어보면 18세기 초 이 교회를 중심으로 1마일 거리마다 마일스톤(milestone)을 세웠다는 내용이다. 마일스톤은 런던과 케임브리지 사이의 주요 도로에 1마일마다 이정표를 세운 사업으로 로마 시대 이후 최초로 시도되었다. 당시 만들어진 마일스톤이 아직 곳곳에 남아 있다. 케임브리지의 남쪽 보타닉 가든(Botanic Garden) 근처에는 '그레이트 세인트 메리 교회까지 1마일'이라는 문구가 새겨진 마일스톤이 있다.

교회의 행정적 역할은 18세기 세닛 하우스(Senate House)가 지어지면서 대부분 이전되었다. 세닛 하우스는 킹스 칼리지 옆, 그레이트 세인트 메리 교회 맞은 편에 있는 흰색 건물이다. 이 건물은 제임스 깁스(James Gibbs)라는 건축가에 의해 바로크 양식으로 지어진, 케임브리지에서 가장 우아한 건물 중 하나이다. 그림같이 잘 정돈된 푸른 잔디와 흰색 건물을 배경으로 학생들의 졸업식과 학위 수여식

---

4 18세기 트리니티홀의 교수에 의해 고안된 이 종소리는 19세기 런던 웨스트민스터 사원의 빅벤(Big Ben)에 복사되었다.

이 거행되고, 대학 이사회와 행정 회의, 중요한 의사 결정이나 투표가 이루어지는 곳이다. 예전에 학생들이 트라이포스(Triopos)라는 다리가 셋 달린 스툴(Stool)에 앉아 구두시험을 본 곳도, 학생들의 성적이 공개된 곳도 세닛 하우스였다. 세닛 하우스 바로 뒤편에 있는 올드 스쿨(Old School)이라는 건물은 예전에 강의실과 도서관으로 사용되다가 지금은 대학 행정업무를 총괄하는 곳이다.

케임브리지 대학 행정의 중심인 세닛 하우스

참, 그레이트 세인트 메리 교회의 옆문 쪽에는 괜찮은 카페가 하나 있다. 앤티숍(Auntie's Shop)이라는 이 카페의 스콘은 촉촉하고 따뜻한 게 집에서 금방 구워낸 듯 맛있다.

영국의 여러 곳을 다니며 스콘을 먹어 보았지만, 이 정도로 흡족한 곳을 만나기 어려웠다. 이 카페에 앉아 여유롭게 홍차와 스콘을 즐기며 바로 앞의 교회와 거리를 감상하는 맛도 괜찮을 것이다.

스콘이 맛있는 앤티스 티숍

규율로 가득한 엄격한 대학 생활

예전의 대학 생활은 어떠했을까? 중세의 칼리지 학생들은 오늘날의 대학생보다 훨씬 어려 14세에서 17세 정도였다. 이렇게 어린 학생들의 칼리지 공동생활은 그리 녹록지 않았을 것이다. 이런저런 자료들을 찾아보니 중세 학생들의 삶은 적어도 오늘날의 기준으로 볼 때 아주 고달팠던 것 같다. 우선 칼리지의 시설이나 공간이 넉넉하지 않았다. 두세 명이 한 방에서 공동생활을 하는 것은 기본이었다. 한 방에서 밤에는 자고, 낮에는 공부하기 위해 바퀴 달린 침대가 사용되기도 했다. 심지어, 서른 명의 학생들이 의자 두 개, 주전자 한 개, 대야 두 개를 함께 사용했다는 기록도 있다. 또, 19세기 말까지는 전기가 없어 양초를 사용해야 했는데, 가격이 너무 비싸 날이 어두워진 후에는 공부하기가 어려웠다. 그래서 밤에는 동네 펍에서 시간을 보내는 학생들이 많았다. 한때는 이 조그마한 마을에 펍이 80여 개나 있었다니 그럴 법한 이유가 있었던 것 같다. 어둡고 춥기로 유명한 겨울에도 칼리지 학생들은 난방이 전혀 안 되는 차가운 방에서 생활해야 했다.

오늘날에도 영국의 집은 춥기로 유명하다. 특히 100년이 넘은 낡은 하우스에는 겨울바람이 그대로 숭숭 들어온다. 뜨끈뜨끈한 온돌에 익숙해진 한국인들에게는 더욱 춥게만 느껴진다. 영국의 겨울 기온은 웬만해서는 영하로 잘 떨어지지 않지만, 뼈와 살을 파고드는 듯한 스산한 추위가 온몸을 감싼다. 한국인 지인은 겨울에 정말 추우니 가능한 한 하우스에 살지 말 것을 권유했다. 그래서 우리는 플랫(flat)이라는 영국식 아파트를 선택했다. 하지만 비교적 최근에 지어진 건물임에도 불구하고 추운 건 마찬가지였다. 비싼 전기료를 각오하고 난방을 틀어도 흡족할 만큼 따뜻하지 않았다. 결국은 집안에서도 언제나 옷을 두툼하게 껴입고 뜨거운 물을 가득 채운 물통을 안고 있어야만 했다. 지금도 이러하니 중세의 칼리지가 얼마나 추웠을지 상상할 수 있을 것만 같다.

칼리지의 목적이 신학자 양성이었던 만큼 생활의 중심은 채플에 있었다. 학생들은 아침 동이 틀 무렵부터 의무적으로 예배에 참여하고 강의를 듣는 일상을 반복했다. 시인이자 비평가였던 새뮤얼 테일러 콜리지(Samuel Taylor Coleridge)는 18세기 케임브리지의 지저스 칼리지(Jesus College)에 다니면서 그의 형에게 다음과 같이 편지를 썼다. "학생들은 하루 두 번 채플에 가야 하고 주말이나 휴일에는 더 자주 가야 한다. 예배에 참석하지 않으면 2펜스를 내야 한다."

16세기 헨리 8세의 종교개혁으로 수도원은 해체되었지만, 가톨릭의 생활방식과 가치관은 지속적으로 남아 대학은 검소와 절제, 금욕 생활을 중시했다. 음주는 물론, 무기나 애완동물의 소유도 금지되었다. 크리스마스 기간을 제외하고는 카드와 주사위 놀이와 같은 여가 활동도 금지되었다.

무엇보다 엄격한 것은 복장이었다. 중세 시대에 복장은 신분을 나타내는 수단이었기 때문이다. 케임브리지 학생들은 성직자 가운을 입지 않고는 칼리지 밖으로 나갈 수 없었다. 가운은 주로 검은색으로, 칼리지별로 다른 색이나 스트라이프 무늬를 넣기도 했다.

1338년 피터하우스(Peterhouse)의 법규에는 "학생들은 성직자 옷을 입고 삭발을 해야 하며, 수염이나 머리를 길러서는 안 된다. 또 허영을 위해 반지를 끼어서도 안 된다."라는 조항이 있었다. 1443년 킹스 칼리지(King's College)에도 "빨강과 초록 신발, 세속적인 장식품이나 모자, 칼이나 긴 나이프, 금이나 은으로 장식된 허리띠를 금지한다."와 같은 상세한 규정이 있었다.

복장에 대한 금지 규정은 16세기에도 이어졌다. 학생들의 가운은 신부처럼 발뒤꿈치까지 내려와야 하고, 울 소재로 만들어져야 하며 옷깃은 세워져야 했다. 신체의 윤곽이 드러나는, 패셔너블한 소재의 옷이나 벨벳, 실크, 수 놓인 옷, 레이스, 안감이 보이도록 트인 옷 등은 모두 금지되었다.

일부 규정은 현대까지 이어졌다. 20세기 초반, 케임브리지 대학의 공식 핸드북에는 "일요일에도 칼리지 코트(court)[5]와 운동장에서는 모자와 가운을 입어야 한다. 외출할 시에는 평상복을 입어도 좋다. 단, 시내를 통과하지 않는다면." 그런데 당시 시내를 통과하지 않고 다른 곳으로 간다는 것은 거의 불가능했다고 한다.

20세기 초반까지 케임브리지 학생들은 대부분 모자와 가운을 쓰고 정장을 입고 다녀야 했다. 규칙을 어기는 학생들은 벌을 받았다. 학생들의 훈육을 담당하는 프록터(Proctor)라는 대학교수는 불독(Bulldog)이라는 대학 경찰들과 함께 거리를 순찰하며 가운을 입지 않거나 규칙을 위반하는 학생들을 잡아냈다.

2차 세계대전이 끝날 무렵부터는 학생들의 생활이 조금 자유로워졌다. 강의나 슈퍼비전(supervision)이라는 소그룹 학습을 할 때나 날이 어두워진 후에는 가운을 입지 않아도 되었다. 하지만 시험을 볼 때는 여전히 가운을 입어야 했고, 이러한 관행은 비교적 최근인 1960년대까지 이어졌다.

케임브리지에 칼리지가 생긴 초창기 시절, 대부분의 학생들은 목사나 집사, 하사관 등 평범한 집안 출신이었다. 하지만 16세기 튜더(Tudor) 시대의 왕들은 새로운 개신교 전문가를 양성하기 위해 귀족 자제들을 대학에 보내도록 하였다. 귀족들도 해체된 수도원의 토지를 사들여 더욱 부유해지자 자식들을 대학에 보내 부와 사회적 지위를 늘리려 했다. 그래서 케임브리지 대학에는 귀족 출신의 학생들이

---

5 칼리지의 건물로 둘러싸인 안뜰

점점 많아졌다.

학생들의 출신이 다양해지자 엘리자베스 1세 여왕 시대에는 칼리지 학생들을 몇 개의 등급으로 분류하였다. 그 방식은 칼리지에 따라 조금씩 다른데, 크게 펠로우 커머너(Fellow-commoner), 펜셔너(Pensioner), 사이저(Sizar)로 구분되었다. 등급에 따라 학생들의 입는 옷이나 음식, 숙박시설, 심지어 시험방식마저 달랐다. 이러한 등급 분류는 19세기까지 이어졌다.

펠로우 커머너는 귀족 출신의 학생들이었다. 이는 다시 최상위층인 노블 펠로우 커머너(Noble Fellow commoner)와 일반 펠로우 커머너로 구분되었다. 일반 펠로우 커머너는 노블맨만큼 부유하지는 않지만, 귀족이나 부유한 상인 계급 출신을 말한다. 노블 펠로우 커머너(Noble Fello commoner)들은 금으로 짠 가운과 모자를 쓰고 칼리지의 펠로우들과 함께 식사를 할 수 있었다. 이들은 낮은 등급의 학생들보다 훨씬 많은 수업료를 지불하는 대신 많은 특권을 누렸고, 1825년까지는 시험도 없이 학위를 받을 수 있었다. 또한, 다른 학생들과 달리 독방을 썼고 자신의 하인과 함께 칼리지 생활을 했는데, 심지어 그 하인도 독방을 쓰기도 했다.

펜셔너(Pensioner)는 '지불하다(to pay)'는 뜻의 라틴어 'pendere'에서 유래한 말로, 숙식 비용을 지불한 중간계급의 학생들을 말한다. 이들은 펠로우 커머너(Fellow-commoner)와는 달리 시험을 통과해야만 학위를 얻을 수 있었다.

사이저(Sizar)는 가난한 학생들로 청소 등의 허드렛일을 도우며 공부를 했다. 18세기, 영국 최초로 영어 사전을 편찬한 새뮤엘 존슨(Samuel Johnson) 박사는 사이저(sizar)를 '하인과 잔심부름꾼(lackeys and pages)'으로 정의했다. 사이저(sizar)보다 더 아래 단계인 서브 사이저(sub-sizar)를 두는 칼리지도 있었는데, 트리니티 칼리지에 다녔던 과학자 뉴턴도 이에 속했다. 사이저(sizar) 제도는 가난한 평민들이 사회적으로 상승할 수 있는 통로이기도 했다.

늘어난 귀족 학생들 중 일부는 게으르고 공부에는 도통 관심이 없었다. 많은 학생이 술과 사냥, 게임 등을 즐기며 시간을 보냈다. 엄격한 칼리지 생활을 피해 펍에서 술을 마시고 마을 사람들과 싸우기도 했다. 그래서 칼리지들은 학생들의 행동을 통제하기 위해 게임이나 사냥, 스포츠 등의 여가활동을 금지하는 엄격한 규칙을 운영했다. 규칙을 어기는 경우 학생들은 퇴학을 포함한 벌을 받았다.

1443년 킹스 칼리지에는 "학생과 교수들은 칼리지 안이나 주변, 또는 정원에서 돌이나 공, 화살을 던지거나 쏘아서는 안 되고, 게임을 해서도 안 된다."라는 규정이 있었다. 17세기 초, 제임스 1세는 마을로부터 5마일 이내에서 게임과 스포츠를 금지했고, 마술사와 공연자를 마을에서 추방했다. 1902년까지 학생들의 사격이나 장애물 경주, 경마도 금지되었다.

학생들이 자율적으로 하는 연극도 1800년대까지 부적합한 여가활동으로 여겨져 금지되었다. 연극은 칼리지 안에서만 부분적으로 허용되었다. 이러한 규정으로 인해 마을과의 갈등도 빚어졌다. 1701년 케임브리지의 유명한 무역박람회였던 스투어브리지 페어(Sturbridge

Fair)에서 상인들이 연극공연을 하려 하자, 대학은 수십 명의 교수를 파견하여 연극을 중단시켰다.

헛간에서 연극 공연을 하던 중 촛불이 건초 더미로 번지는 바람에 80여 명의 사람들이 죽는 사건도 벌어졌다. 대학은 이 사건을 계기로 공연자를 케임브리지에서 쫓아내는 법안을 통과시켰다. 이에 따라 1844년부터 1894년까지 그레이트 세인트 메리 교회로부터 14마일 이내에 있는 모든 극장에 대한 금지령이 내려졌다. 이는 학생은 물론 마을 사람들에게도 적용되었다. 하지만 칼리지 안에서는 적용되지 않아 펠로우들은 칼리지 홀에서 연극 공연을 즐겼다고 한다.

심지어 스포츠도 학생보다 광대들에게 어울리는 것으로 여겨져 오랫동안 금지되었다. 축구도 소란스럽고 폭력적이라는 이유로 금지되었다니, 오늘날에는 상상도 할 수 없는 일이다. 하지만 핸드볼은 허락되었는데, 단 스테인드글라스에서 멀리 떨어진 곳에서 해야 했다. 귀족 자제들이 가장 많이 즐긴 스포츠는 볼링과 테니스였다. 볼링은 점잖은 여가 놀이의 하나로 여겨져 주로 펍(pub) 바깥의 잔디밭에서 이루어지곤 했다.

테니스는 원래 비싼 코트와 장비가 필요하기 때문에 상류층이 즐기던 운동이었다. 케임브리지 대학에 귀족 자제들이 늘어나면서 테니스도 유행하였다. 당시의 테니스를 1800년대 말에 도입된 현대식 테니스와 구분하여 리얼 테니스라고 한다. 리얼 테니스는 오늘날의 테니스와 규칙이 다르고, 공과 라켓, 테니스 코트의 모양도 다르다.

16세기 말, 케임브리지에는 십여 개의 리얼 테니스 코트가 있었고, 19세기 말까지 테니스 코트가 칼리지의 필수 요소인 양 여러 곳에 지어졌다. 케임브리지 시내 근처의 '테니스 코트 로드(Tennis Court Road)'라는 거리에서는 19세기까지 리얼 테니스 코트가 운영되었다. 현재 리얼 테니스는 거의 사라졌지만, 19세기 후반에 지은 2개의 전용 코트가 케임브리지 대학 도서관 뒤편에 아직 남아 있다.

야간 통행금지와 나이트 클라이밍

케임브리지 대학에는 오랫동안 야간 통행금지가 있었다. 대학 교회인 그레이트 세인트 메리 교회는 매일 밤 통행금지를 알리는 종을 울렸다. 그 시간이 겨울에는 밤 8시, 여름에는 9시였다니 오늘날의 기준으로는 아주 이른 셈이다. 2차 세계대전 이후에는 시간이 자정으로 연장되었으나, 통행금지는 1960년대까지 이어졌다. 시간을 넘긴 학생들은 칼리지의 철책이나 담장을 넘기도 했다.

케임브리지의 수재들은 때때로 아주 짓궂은 장난을 친다. 제이미 콜린슨(Jamie Collinson)이 쓴 『케임브리지 학생들의 장난(Cambridge Student Pranks)』이라는 작은 책자는 학생들의 오랜 장난과 놀이들을 소개하고 있다. 그중 흥미로운 것이 야간 통행금지로 인해 대학 담장을 넘나들던 기술을 발전시킨 '나이트 클라이밍(Night Climbing)'이다. 말 그대로 한밤중에 등산하는 것이다. 그런데 산이 아닌 대학 건물을 기어오르는 것이다. 감이 잘 안 잡힌다면 잠시 서점에 들러 케임브리지 관련 코너를 둘러보아도 좋을 것이다. 나이트 클라이밍에 관한 오랜 책들은 캄캄한 어둠 속에서 칼리지 건물을 기어오르는 학생들의 모습과 방법을 소개하고 있다. 세상에! 이런 위험천만한 활동을 왜 하는 걸까?

케임브리지에서 나이트 클라이밍은 대략 18세기경부터 시작된 것으로 알려져 있다. 학생들은 달빛 영롱한 한밤중에 칼리지의 타워나 지붕 위에 올라가 뭔가 자신의 흔적을 남기고 싶어 했다. 18세기, 세인트 존스 칼리지(St. John's College)의 피터 거닝(Peter Gunning)이라는 학생은 칼리지 지붕에 오른 후 다음과 같은 글을 남겼다. "이 칼리지의 학생 피터 거닝, 여기에 오르다. 1734년 2월 19일."

18세기 유명한 나이트 클라이머 중의 한 사람은 시인 바이런(Byron)이었다. 트리니티 칼리지에 다니던 바이런은 당시에도 괴짜로 소문이 자자했다. 자신의 애견을 칼리지에서 키우지 못하게 하자, 그는 금지 규정에 없던 곰을 키우기 시작하여 주변을 아연실색하게 만들었다. 동물을 유난히 좋아했던 바이런은 나이트 클라이머로도 잘 알려졌다. 그는 트리니티 칼리지의 그레이트 코트에 있는 커다란 분수대에 최초로 올랐고, 영국의 위대한 건축가 크리스토퍼 렌이 설계한 렌 라이브러리(Wren Library)의 지붕에도 오른 적이 있다.

나이트 클라이밍이 본격적으로 유행하기 시작한 것은 19세기 말경부터였다. 당시는 스위스의 알프스산 등반이 유행하던 시절이었다. 관광객들을 위한 알프스 등반 가이드에 영감을 받은 한 케임브리지 학생은 나이트 클라이밍을 위한 가이드를 집필했다. 1900년에 출판된 『트리니티 지붕에 오르기 위한 가이드(Roof Climber's Guide to Trinity)』라는 책은 트리니티 칼리지의 지붕에 오르기까지의 상세한 경로를 소개하고 있다. 그 학생은 익명으로 책을 출판했지만, 금세 학생들 사이에서 유명해져 현대 나이트 클라이밍의 아버지로까지 불렸다. 그 후 유사한 가이드책이 여럿 출판되었다. 그중에서도 가장 유명한 책이 1937년에 출판된 나이트 클라이밍의 바이블 『케임브리지의 나이트 클라이머들(The Night Climbers of Cambridge)』이다. 이들 오랜 책들은 아직도 케임브리지 서점이나 중앙 도서관에 비치되어 있다.

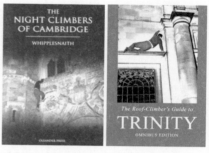

케임브리지 나이트 클라이밍에 관한 서적들

케임브리지의 대표적 고딕 건축물인 킹스 칼리지 채플은 나이트 클라이밍 세계에서 성전과도 같은 곳이었다. 나이트 클라이머들은 채플 꼭대기에 자신들의 증표가 될 만한 물건들을 남기곤 했다. 주로 우산, 가운, 심지어 요강(chamber pot) 같은 물건들이 남겨졌으나, 때로는 정치적인 성향을 띠기도 했다.

1965년 6월에는 베트남 전쟁에 반대하는 내용의 현수막이 채플의 첨탑 사이로 휘날렸다. 이는 치밀한 준비하에 계획되었다. 바람에 찢기지 않도록 망사와 나일론으로 견고하게 제작된 현수막은 거튼 칼리지(Girton College)의 여학생 침대 속에 숨겨져 보관되었다. 마침내 세명의 노련한 나이트 클라이머들이 한밤중에 킹스 칼리지 채플에 올라 현수막을 고정시키는 데 성공했다. 다음 날 아침, 날이 밝자 '베트남에 평화를(Peace in Vietnam)'이라고 쓰인 현수막이 채플 위에서 휘날렸다. 이를 본 사람들의 반응은 제각각이었다. 학생들을 공산주의자라고 비난한 미국인도 있었지만, 칼리지 사람들은 대체로 장난으로 웃어넘기는 분위기였다고 한다. 그 후에도 킹스 칼리지 채플의 첨탑에는 산타클로스 모자를 비롯한 다양한 물건들이 올려졌다.

위험천만해 보이는 나이트 클라이밍이지만, 그로 인해 심각한 부상을 입거나 사고가 발생한 적은 없는 것 같다. 오히려 영국 전역에 유명한 기록을 남기기도 했다. 널리 알려진 사건 중의 하나가 1958년 6월 7일에 일어났다. 학기말 시험이 모두 끝나고 축제가 한창인 메이볼(May Ball) 기간이었다. 학기 말을 뭔가 획기적으로 마무리할 방법을 궁리하던 네 명의 케임브리지 공대생들은 자동차를 세닛 하우스(Senate House) 지붕 위로 끌어올리기로 했다. 세닛 하우스는 시내 한복판에 위치하는데다 대학 행정의 중심으로 케임브리지의 랜드마크와도 같은 존재였기에, 이곳에 자동차를 올린다면 모두를 깜짝 놀라게 만들 수 있으리라 생각했다.

학생들은 곤빌앤키스 칼리지(Gonville and Caius College)의 담장 위에서 세닛 하우스의 지붕으로 건너간 후, 기중기로 자동차를 끌어올리는 계획을 세웠다. 그리고 수 주 동안 철저한 준비와 역할 분담, 사전 연습을 하였다. 자동차 기종으로는 당시 영국의 국민차였던 작고 가벼운 오스틴 세븐(Austin Seven)을 선정하였다. 학생들은 수업 시간에 배운 기계공학 지식을 이용하여 자동차를 끌어올리는 기중기를 설계하고 제작했다. 계획 실행에 필요한 새로운 인물들이 영입되기도 했다. 매일 거리를 순찰하던 경찰의 눈을 피하기 위한 작전도 공모하였다.

축제가 끝난 뒤 모두 곯아떨어진 6월 7일 새벽 2시경, 마침내 계획은 실행되었다. 날이 밝기 직전, 오스틴 세븐은 무사히 세닛 하우스의 지붕 위로 올려졌다. 다음 날, 날이 밝자 놀라운 광경을 목격한 많은 사람들이 몰려들었다. 신문에도 대대적으로 보도되어 영국 전역으로부터 큰 관심을 모았다. 그들의 작전은 대성공이었다. 그런데 더 큰 문제는 오스틴 세븐을 다시 지상으로 내리는 일이었다. 올리는 데에는 몇 시간밖에 걸리지 않았지만, 다시 내리는 데에는 무려 4일이나 걸렸다고 한다.

이 사건은 오늘날까지도 회자되고 있다. 그 학생들이 다니던 곤빌앤키스 칼리지는 2008년에 50주년 기념행사까지 했다. 곤빌앤키스 칼리지와 세닛 하우스 사이의 좁은 골목길을 걷다 보면 이 이야기가 생각나 위를 올려다보게 된다. 가깝다고는 해도 두 건물 사이의 거리는 2미터쯤 되고 지상으로부터의 높이도 21미터나 된다. 어떻게 그런 위험천만하고 황당무계한 계획을 구상하고 실행에 옮겼는지 학생들의 기개와 배짱이 참 대단하다는 생각이 들었다.

나이트 클라이머들의 짓궂은 장난은 왕의 권위에도 굴복하지 않았

세닛하우스와 곤빌앤키스 칼리지 사이의 좁은 골목길

던 듯하다. 트리니티 칼리지의 정문 위에는 설립자 헨리 8세의 동상이 당당하게 서 있다. 그런데 그가 한 손에 들고 있는 것이 왕권의 상징이 아닌 평범한 의자 다리라는 사실을 아는가. 헨리 8세의 왼손에는 십자가를 얹은 둥근 공(golden orb)이, 오른손에는 기다란 봉이 들려 있다. 그 봉은 원래 왕권의 상징인 홀(sceptre)이었다. 그런데 1800년대에 어떤 술 취한 학생이 기어 올라가 홀을 빼내고 의자 다리로 교체하는 장난을 쳤다. 그 후 학생은 퇴학당했지만, 장난은 끊이지 않았다. 소문에 의하면 또 다른 학생이 의자 다리 대신에 화장실 브러쉬를 끼우기도 하고, 우산을 끼우기도 했단다. 그 진상을 확인하고 싶어 어느 날, 칼리지 정문을 지키는 포터(porter)에게 저게 정말 의자 다리인지 물었다. 그러자 친절한 포터는 미소를 지으며 답해 주었다. 몇 번이나 다른 걸로 바뀌었으나, 지금은 의자 다리인 게 확실하다고.

　의자 다리 대신에 왕의 홀을 다시 끼우는 건 어려울까? 케임브리지에서 가장 부유한 칼리지에서 비용은 큰 문제가 아닐 것 같은데 어쩌면 관광객들의 관심을 끄는 저 의자 다리를 굳이 떼어낼 생각이 없는 건 아닐까 하는 생각마저 들었다. 그러다가 책 속에서 진실을 발견했다. 학생들의 끊임없는 장난에 칼리지가 그만 원상 복귀하기를 포기했다는 것이다. 이리하여 오늘날까지 영국 튜더 왕조의 최고 권력자는 왕권의 상징이 아닌 의자 다리를 쥔 채 많은 사람들에게 웃음을 선사하고 있다.

의자 다리를 쥐고 있는 헨리 8세의 동상

대학의 막대한 권한과 마을과의 갈등

케임브리지 대학이 처음 생기던 13세기 무렵에는 상인들의 권한이 컸다. 상인들은 조합을 형성하여 자신들의 이권을 챙기고 막대한 부를 축적하였다. 대학의 힘은 아직 약했다. 그러나 14세기에 교황이 대학을 인정하고 피터하우스를 선두로 칼리지들이 연이어 설립되면서 대학은 점점 강해졌다. 각종 자료와 이야기 속에서 확인된 케임브리지 대학의 권한은 실로 놀라운 수준이었다. 오랜 세월 왕권의 비호하에서 대학이 성장해 왔음을 알 수 있었다.

케임브리지 대학은 설립 초기부터 마을 사람들에 대해 확고한 지위를 다지려 했다. 상인들은 대학 사람들에게도 일반적인 수준의 임대료와 물건 가격을 요구했으나, 대학은 자신의 구성원을 보호한다는 명목하에 가격을 낮추려 하였다. 대학은 마을 사람들이 학생들의 숙식에 과도한 가격을 요구한다고 생각했고, 반면에 마을은 대학이 지나치게 많은 특권을 지닌다고 생각했다. 이러한 가운데 국왕은 대학 편을 들어주었다. 헨리 3세는 1231년부터 마을 사람들이 학생들에게 과도한 임대료를 요구하지 못 하도록 금지하였다.

대학의 힘이 점차 커지자 마을의 적대감도 커졌다. 두 세력 간의 긴장이 고조되어 마을 사람들이 대학을 공격하기도 하였다. 1317년 마을 대표가 대학의 권리를 존중하는 선서를 의무적으로 해야 하는 로얄 차터(Royal Charter)가 시행되자, 마을 사람들은 분노하여 폭동을 일으켰다. 1322년에는 마을 사람들이 호스텔로 쳐들어가 학생들을 공격하고 신부를 살해하였다.

1381년에는 에식스(Essex), 켄트(Kent), 이스트 앵글리아(East Anglia) 지역에서 영국 역사상 최대의 농민반란이 일어났다. 15세 이상의 전 주민에게 부과된 과도한 인두세(poll tax)가 직접적 원인이었다. 10만 명 이상의 농민들이 런던으로 쳐들어가자, 14세의 어린 왕 리차드 2세는 그들의 요구를 받아들이기로 했다. 하지만 약속이 지켜지기는커녕 반란 주동자들은 군인들에게 잡혀 교수형에 처해졌다. 케임브리지도 이 반란의 거점 중 하나였다. 시장(mayor)과 상인들이 이끄는 마을 사람들은 수도원과 대학을 공격하고 판사를 처형하였다. 대학을 습격한 반란군들은 대학이 모든 권리를 포기하고 마을의 법과 관습에 따르겠다는 서명을 하도록 강요했다. 대학의 특권을 나타내는 로얄 차터들은 마켓 스퀘어에서 불태워졌다. 유일하게 마을의 상인 조합에 의해 설립된 코퍼스 크리스티 칼리지마저 공격을 받아 많은 문서들이 불태워졌다. 하지만 반란의 기간은 짧았다. 왕이 보낸 군대는 곧 반란을 진압하였고, 앞장섰던 많은 주민들을 처형하였다. 대학이 권리를 포기하겠다는 서명은 의회에 의해 폐기되었고, 수 년 후 새로운 로얄 차터가 발행되었다.

이 사건은 대학의 특권을 더욱 강화하는 계기가 되었다. 왕은 무게와 측량, 가격에 대한 통제권을 마을에서 대학으로 이전시켰다. 대학은 '빵, 포도주, 맥주에 대한 법정 가격'과 '무게와 측량에 관한 법정 기준' 관할권을 지니게 되었다. 이는 마을의 상인이 아닌 대학이 음식과 음료의 가격을 정하고 저울을 비롯한 측량 도구를 점검할 권리를 지님을 의미하였다. 예를 들어, 버터는 무게가 아니라 대학이 정한 자를 이용하여 크기(인치) 단위로 판매해야 했다. 이전에는 이러한 권한이 시장과 상인 조합에 있었기에 이들의 대학에 대한 반감은 더욱 커졌다. 놀랍게도 대학의 측량 통제권은 19세기 중반까지도 이어졌다.

이외에도 대학은 마을의 운영 방식에 관한 많은 권리를 얻었다. 대학은 시민법이 아닌 교회법에 따르는 법정을 두고, 마을과 교회의 모든 개인적 탄원, 불법 행위, 비행을 감독했다. 대학은 규칙을 지키지 않는 자에게 벌금을 부과하고, 심지어 감옥에 보낼 수도 있었다. 하지만 대학은 실행에 있어 많은 편파적인 판단과 과오를 저질렀고 이로 인해 마을과 많은 갈등을 빚었다. 1260년에는 학생들 간의 싸움이 마을 사람들과의 싸움으로 크게 번진 사건이 있었다. 결과적으로 16명의 마을 사람들과 28명의 학생들이 유죄로 판명되었으나 대학의 도움으로 왕의 사면을 받은 건 학생들뿐, 마을 사람들은 교수형에 처해졌다.

케임브리지 대학은 오랫동안 정치적, 경제적으로 마을을 지배했다. 1300년대 초반부터 19세기 중반까지 마을 대표는 대학 총장 앞에서 대학의 자유와 권위, 이익을 존중한다는 선서를 의무적으로 해야 했다. 16세기 이후, 대학의 권한은 다방면으로 확대되어 펍(pub)의 허가권과 와인 판매권까지 지니게 되었다. 또, 1970년대까지 케임브리지 시의회의 36개 좌석 중 대학이 무조건 6개를 차지하는 관행도 이어졌다.

칼리지는 합법적으로 세금을 내지 않고 건물을 영속적으로 소유할 수 있어 부자들의 세금 회피 수단으로 악용되기도 하였다. 많은 부자들이 대학 멤버쉽을 사거나 부정 입학을 하여 시민 법정의 재판 면제나 세금 회피와 같은 혜택을 누리려 했다. 여러모로 칼리지는 막강한 권한을 바탕으로 경제적 부를 축적할 수 있었다.

물론 대학의 막강한 권한은 공짜가 아니었다. 왕들은 자신의 통치 이념을 전파하기 위해 대학을 이용하고자 했다. 대학에 특권을 주는 만큼 왕들의 간섭도 심해졌다. 특히, 교수들의 종교적 발언에 대한 간섭과 통제는 생명을 위협할 정도였다. 왕과 종교가 다른 사람들은 대학에서 쫓겨나거나 런던 타워에서 감옥살이를 해야 했다.

16세기 종교개혁의 시대에도 케임브리지 대학은 왕의 종교를 전파하는 중대한 역할을 했다. 헨리 8세는 원래 독실한 카톨릭 신자였다. 케임브리지 대학 학자들은 카톨릭을 비판하는 마틴 루터의 종교개혁 움직임에 반대하는 책을 쓰고 연설을 하는 등 왕의 신념을 전파하기 위해 애썼다. 하지만 헨리 8세는 교황이 자신의 이혼을 반대하자 개신교를 국교로 정하고 스스로 수장이 된 후 이에 동조하지 않는 많은 사람을 처형했다. 케임브리지 대학의 학자이자 실세였던 존 피셔(John Fisher)도 마찬가지였다. 헨리 8세의 첫 부인인 캐서린 아라곤(Catherine of Aragon)의 고해 신부였던 존 피셔는 왕의 이혼에 반대했다가 런던 타워에 갇혀 처형되었다. 케임브리지 대학의 발전에 많은 공헌을 한 그였지만 시체는 런던 타워에 매장되고 머리는 템즈 강에 버려지는 비참한 최후를 맞이했다.

헨리 8세에 뒤이은 에드워드 6세, 메리 1세, 엘리자베스 1세의 50여 년 동안 영국의 종교는 카톨릭과 개신교 사이에서 세 번이나 바뀌었다. 그때마다 케임브리지 대학은 새로운 종교 이념을 전파하는 역할을 했다. 16세의 어린 에드워드 6세가 갑자기 죽자 뒤를 이은 여왕 메리 1세는 국교를 다시 카톨릭교로 바꾸며 피바람을 일으켰다. 이 시기에 충성을 요구받던 케임브리지 대학의 많은 교수들이 사임하거나 해외로 도망갔다. 칼리지 채플들도 카톨릭 양식으로 다시 장식되었다. 지저스 칼리지의 펠로우였던 토마스 크랜머(Thomas Cranmer)는 헨리 8세의 이혼을 도우며 신임을 얻어 1533년 영국 최초의 개신교 캔터베리 대주교로 임명되었다. 종교 개혁가이자 영국 성공회의 형성에 핵심 역할을 했던 그였지만 메리 여왕 시대에는 이단자로 찍혀 화형당하였다.

종교가 출세는 물론 목숨마저 좌지우지하던 시절인지라 상황에 따라 자신의 입장을 번복하는 인물들도 있었다. 대학 부총장을 다섯 번이나 지내고 피터하우스의 마스터를 역임했던 앤드류 펀(Andrew

Perne)은 국왕의 방침에 따라 카톨릭교에서 개신교로, 다시 카톨릭교로 자신의 종교적 신념을 자주 바꾸었던 것으로 유명했다. 주변 정세의 변화에 따라 자신의 종교를 바꾼 앤드류 펀의 행동은 널리 풍자되었다. 아무리 대학과 칼리지의 안전을 위해서라고는 하지만, 펀과 같은 인물은 조롱받기에 십상이었다. 펀은 '아침에는 책벌레, 저녁에는 술고래로 교활함과 속임수로 가득 찬 인물'로 묘사되었다. 그토록 잦은 변절에 환멸을 느낀 대학 동료들이 그의 이름을 따서, '자주 변하다'라는 뜻의 라틴어 'pernare'를 새로 만들 정도였다. 그의 변덕스러운 행동은 바람 부는 대로 움직이는 풍향계에도 비유되었다. 캐슬 힐 근처의 세인트 피터(St. Peter) 교회의 풍향계를 자세히 보면 양 날개가 알파벳 A와 P 모양으로 되어 있다. A와 P는 앤드류 펀의 이니셜인 동시에, 바람 부는대로 카톨릭 신자(A Papist)와 신교도(A Protestant) 사이를 오고 간 그의 행적을 풍자하는 것이다.

왕권과 대학의 힘은 케임브리지의 공간 형태에도 영향을 미쳤다. 케임 강가에 조성된 킹스 칼리지와 백스(the Backs)라 불리는, 아름다운 잔디 정원은 강력한 왕권에 의해 조성된 것이었다. 수많은 마을 사람이 강제 이주를 당하고, 원래 그 자리에 있던 부두와 집, 상점 등이 칼리지에 자리를 내주어야 했다. 또, 헨리 8세의 종교개혁 때에는 모든 수도원의 토지와 재산이 몰수되었고, 이를 기초로 많은 칼리지가 세워졌다. 지저스 칼리지, 트리니티 칼리지, 크리스트 칼리지, 시드니 석세스 칼리지 등은 모두 폐쇄된 수도원의 자리에 세워진 곳이다.

케임브리지에서 대학과 마을은 오랫동안 갈등과 대립을 반복하며 공생해 왔다. 케임브리지 대학은 마을에 번영과 명성을 가져왔으나, 한편으로는 오랫동안 마을을 두 개로 분열시키는 결과를 초래했다. 1832년 더럼(Durham) 대학이 생기기 전까지 영국에는 왕의 보호를 받는 두 대학, 케임브리지와 옥스퍼드만이 존재했다. 두 대학은 많은 특권 속에서, 때로는 지역민들의 희생과 갈등을 동반하며 성장하였다. 하지만 두 대학이 국가와 마을에 준 문화적, 교육적, 경제적 기여 또한 실로 막대하다. 두 대학의 출신들은 영국 사회의 곳곳에서 지도자층으로 활약하고 있다. 케임브리지의 경우, 대학의 눈부신 성장 덕택에 지역 전체가 많은 혜택을 보았다. 많은 일자리가 창출되었고 지역 경제도 성장하였다.

케임브리지에서 자주 들을 수 있는 말 중의 하나가 '타운 앤 가운 (Town and Gown)'이었다. 대학과 마을과의 복잡하고도 미묘한 관계를 일컫는 말이다. 가운(Gown)은 대학의 상징이자, 마을 사람들과 학생을 구분 짓는 수단이었다.

오늘날 대학과 마을 간의 관계는 상호의존적이고 협동적이라고 한다. 더 이상 심각한 대립은 없다고 한다. 내가 만난 몇몇 블루 뱃지 가이드들도 입을 모아, 좋은 관계를 유지한다고 했다. 대학도 지역민들에 대한 태도를 바꾸어, 채플과 운동장 등 대학 시설들을 개방하고 박물관을 운영하며 지역사회에 공헌하는 상생의 길을 걷고 있는 것 같다.

홉슨의 수로, 홉슨의 선택

오늘날 케임브리지는 녹지와 물이 풍부한 생태도시다. 하지만 중세 시대에는 믿기지 않을 정도로 더럽고 비위생적이었다. 케임 강에는 온갖 부패한 음식과 분뇨, 동물 시체 등의 더러운 오물들이 잔뜩 쌓여 있었다. 거리에도 여기저기 가축들이 돌아다녔으며 각종 쓰레기가 쌓여 지반이 높아질 정도였다. 크리스트 칼리지(Christ College)의 오래된 오크(oak) 나무 정문은 갑자기 훌쩍 자란 아이의 바지처럼 문이 땅 위로 훌쩍 올라와 있다. 쓰레기와 오물 등으로 지반이 점점 높아지는 바람에 문을 잘라냈기 때문이다.

오물로 가득 찬 비위생적인 거리에는 화재와 전염병도 빈번하게 발생했다. 14세기에는 흑사병이 상인들의 배를 통해 유럽에 퍼졌다. 칼리지에서 공동생활을 하던 학생이나 수도사들 사이에는 전염병이 더욱 쉽게 퍼졌다. 당시 케임브리지에 살던 인구의 절반 정도가 흑사병으로 목숨을 잃었다. 17세기에도 대규모로 흑사병이 퍼져 많은 사람들이 죽었다. 대학은 문을 닫았고 사람들은 피난을 떠났다. 당시 사람들은 전염병의 원인을 알 수 없었기에 신이 내린 벌이라 생각하고 민속 의학과 기도, 마술에 의존하였다.

하지만 일부 사람들은 청결과 위생의 문제가 중요하다고 생각했다. 피터하우스의 마스터였던 스티븐 퍼스 박사(Dr. Stephen Perse)도 그 중 하나였다. 그는 강과 우물의 불결한 상태를 개선해야겠다고 생각하고, 케임브리지 남부의 나인 웰(Nine Wells)이라는 샘(spring)으로부터 물을 끌어와 마을에 공급할 것을 제안했다.

퍼스 박사의 계획은 1610년부터 대학과 마을의 협력으로 실행되었다. 대학의 지식인과 사업가, 토지 소유자 등이 함께 자금을 모으고 협력하였으니, 오늘날로 말하자면 일종의 조인트 벤처(Joint Venture)였던 셈이다. 그 사업의 핵심적인 스폰서 역할을 했던 사람이 토마스 홉슨(Thomas Hobson)이라는 지역 사업가였다. 그는 케임브리지와 런던을 오가는 운송업을 하던 성공한 사업가였다. 홉슨은 수로의 유지 관리를 위한 단체 '홉슨의 수로 트러스트(Hobson's Conduit Trust)'를 만들어 기부했다.

홉슨의 수로에 공급되는 물의 근원지는 케임브리지 시내에서 남쪽으로 6.5킬로미터 정도 떨어진 나인웰(Nine Wells)이었다. 청정한 넓은 들판 한가운데에 위치한 나인웰에는 오늘날에도 깨끗한 지하수가 샘솟고 있다. 깨끗한 물은 수로를 통해 남쪽의 보타닉 가든(Botanic Garden)을 지나 렌스필드 로드(Lensfield Road)의 교차로 부근에서 여러 갈래로 나뉘어 시내로 흘러들었다.

1610년 홉슨의 수로가 처음 만들어진 곳은 트럼핑턴 스트리트(Trumpington Street)였다. 지금도 트럼핑턴 스트리트의 피츠윌리엄 박물관이나 피터하우스 근처를 걷다 보면 길 양쪽으로 움푹 파인 수로를 볼 수 있다. 개방된 구조여서 자칫 잘못하다가는 수로에 발이 빠질 수도 있으니 조심해야 한다. 이 수로는 당시 거리에 쌓인 더러운 오물들을 씻어 내고 피터하우스와 펨브로크 칼리지에 깨끗한 물을 공급했다. 지금은 폐쇄되어 더 이상 물이 공급되지 않지만, 비가 많이 올 때에는 배수로 역할을 한다.

트럼핑턴 스트리트에는 길 양옆으로 움푹 파인 홉슨의 수로가 남아 있다.

또 다른 수로는 1614년 마켓 스퀘어에 만들어졌다. 마켓 스퀘어의 한가운데에 만들어진 팔각형의 분수대는 19세기 중반까지 200년 이상 마실 물을 공급했다. 그런데 1849년 마켓 스퀘어에 큰 화재가 발생하여 재정비하는 과정에서 분수대는 렌스필드 로드(Lensfield Road)의 수로 시작 부근으로 옮겨졌다. 분수대로 흐르던 물길은 1960년대에 주변 상업지역을 개발하면서 폐쇄되었다. 트럼핑턴 스트리트를 따라 남쪽으로 걷다 보면, 렌스필드 로드와 만나는 교차로가 나오고, 그 한편에 마켓 스퀘어에서 이전된 분수대가 서 있다. 오늘날에는 기능하지 않는 기념비와 같은 존재이다. 케임브리지 민속박물관(Cambridge Folk Museum)의 입구에도 마켓 스퀘어에 있던 분수대의 일부가 놓여 있다.

수로는 1631년경 세인트 앤드류스 스트리트(St. Andrew's Street) 쪽으로도 흘렀다. 이 거리에 있던 엠마뉴엘 칼리지와 크리스트 칼리지가 그 혜택을 누렸다. 예전에는 개방된 수로였으나, 1996년 보행자들의 편의를 위해 맨홀로 덮었다. 크리스트 칼리지 앞 도로변에는 '홉슨의 수로'라고 새겨진 맨홀을 볼 수 있다.

사실 홉슨의 수로가 생기기 이전에 중세 케임브리지 사람들은 깨끗한 음용수를 거의 접하기 어려웠다. 물이 부족했기에 대신 맥주를 많이 마셨다. 홉슨의 수로가 생긴 덕택에 마을 곳곳에는 신선한 물이 공급되었고 삶의 질은 이전보다 훨씬 나아졌다. 수인성 전염병이

홉슨의 수로 기념비

맨홀로 덮인 홉슨의 수로

만연하던 시절에도 더 많은 사람이 생존할 수 있었다.

오늘날에도 홉슨의 수로는 보타닉 가든과 일부 칼리지의 연못에 물을 공급하고 있다. 17세기 토마스 홉슨이 만든 '홉슨의 수로 트러스트'라는 단체는 지금까지도 건재하여 수원을 관리하고 있다. 최근 이 단체는 연속적인 겨울 가뭄 등으로 나인웰(Nine wells)의 수위가 매우 낮아졌다며 물 사용에 주의를 기울일 것을 당부했다.

수로 사업을 주도했던 토마스 홉슨(Thomas Hobson)은 꽤 흥미로운 인물이었다. 케임브리지 중심부에는 그의 이름을 딴 거리가 두 개나 있다. 홉슨즈 패시지(Hobson's Passage)와 홉슨 스트리트(Hobson Street)이다. 400여 마리의 말을 가지고 마차 사업을 했던 홉슨은 종종 '케임브리지의 배달부(The Cambridge Carrier)'라고 불렸다. 그는

소와 부츠, 채찍, 재갈 등을 구비한 커다란 마구간을 운영하며 런던
과 케임브리지 간의 우편배달을 맡았다. 또, 말들이 우편 배달을 하
지 않는 동안에는 케임브리지 대학 사람들에게 말을 빌려 주는 서비
스를 제공했다. 여자나 어린이, 노약자처럼 말을 타지 못하는 사람이
나 책, 트렁크 등의 많은 짐을 나르는 일도 했다. 심지어 살아있는 물
고기를 신선한 상태로 운반하는 일도 했다.

어느 날 홉슨은 고객에게 인기가 많은 빠른 말들은 과로하기 쉽다
는 것을 깨달았다. 그래서 말들이 지치지 않게 적당히 먹고 쉴 수 있
도록 순환 교대 시스템을 도입했다. 말을 빌리러 온 고객들은 교대
순서에 따라 홉슨이 골라주는 말들만 이용해야 했다. 마구간에는

케임브리지 민속 박물관에 걸려 있는
토마스 홉슨의 초상화

많은 말들이 있었지만, 고객들은 항상 그가 골라주는 대로 문 옆에 서 있는 말을 선택해야만 했다. 그렇지 않으면 아예 서비스를 이용할 수 없었다. 이러한 관행으로부터 '홉슨의 선택(Hobson's choice)'이라는 유명한 말이 생겨났다. 이는 정해진 것을 선택하거나 아니면 그만두어야 하는 상황(this one or none; take it or leave it)을 의미한다.

홉슨은 늘 바쁘게 움직이던 사람으로, 한때는 케임브리지 시장도 역임하였다. 그가 만든 스피닝 하우스(Spinning house)에서는 가난한 사람들이 실 짓는 일을 하며 모여 살았다. 하지만 스피닝 하우스는 마을의 창녀들을 잡아 가두는 악명높은 교화원이기도 했다[6]. 스피닝 하우스의 건물은 오늘날 케임브리지 시 사무실로 사용된다.

분주히 활동하던 홉슨은 17세기 대규모 흑사병으로 많은 사람들이 피난 가고 대학마저 문을 닫자 운송 사업을 중단할 수밖에 없었다. 홉슨은 그로부터 얼마 되지 않아 87세의 나이로 세상을 떠났다. 당시 크리스트 칼리지에 다니던 시인 존 밀턴(John Milton)은 그에 관한 짧은 시를 썼다. 매일 활동적으로 일하던 사람이 갑자기 일을 못하게 되자 죽음에 이르렀다는 내용이었다. 홉슨은 자신의 교구였던 세인트 베넷 교회(St. Benet's Church)에 묻혔다.

---

6 케임브리지 대학은 19세기 말까지 대학생들과 함께 다니는 여성을 매춘부로 여겨 스피닝 하우스에 감금하고 대학이 주관하는 재판을 받도록 했다.

여성들의 활약과 수난

영국 사회가 그러했듯 대학도 오랫동안 지극히 남성 중심적이었다. 여성의 역할은 가정 안으로만 국한되었고, 당연히 대학에 입학할 수도 없었다. 그러한 가운데에서도 중세 케임브리지 대학의 발전에 중요한 역할을 한 여성들이 있었으니, 바로 부유한 미망인들이었다. 남편과 사별하여 많은 유산을 상속받은 귀족 미망인들은 케임브리지에 칼리지를 세우고 발전시키는 데 핵심적인 기여를 했다. 16세기 말까지 설립된 16개 칼리지 중에서 6개가 여성에 의해 설립되었다. 클레어홀, 펨브로크 칼리지, 퀸스 칼리지, 시드니 석세스 칼리지, 크리스트 칼리지, 세인트 존스 칼리지가 모두 여성들이 설립한 곳이다.

국왕 에드워드 1세의 손녀인 엘리자베스 드 클레어(Elizabeth de Clare)는 서른도 되기 전에 세 명의 남편이 사망하였다. 게다가 그녀의 오빠도 자손 없이 전쟁터에서 죽어 많은 재산을 남겼다. 그녀는 자신의 부와 영향력을 이용하여 재정난에 허덕이던 작은 칼리지 클레어홀(Clare Hall)을 1338년에 재건하였다. 클레어홀의 문장(shield)에는 남편을 세 번이나 잃은 그녀의 눈물이 표현되어 있다.

마리 드 발랑스(Marie de Valence)라는 프랑스 여성은 어린 나이에 50대의 펨브로크 백작(Earl of Pembroke)과 결혼하였지만, 얼마 안 있어 남편이 세상을 떠났다. 졸지에 부유한 미망인이 된 그녀는 남편의 이름을 딴 펨브로크 칼리지를 세우고 발전시켰다.

케임브리지 대학의 가장 영향력 있는 여성 후원자는 헨리 7세의 어머니 마거릿 보퍼트(Lady Margaret Beaufort)였다. 부유한 상속녀였던 그녀는 결혼을 네 번이나 한 기구한 운명의 여성이었다. 왕위에 오르도록 평생 뒷바라지했던 헨리 7세가 먼저 세상을 떠나자, 상심한 그녀는 종교와 교육에 열정을 기울이며 16세기 초 크리스트 칼리지와 세인트 존스 칼리지를 세웠다.

케임브리지 대학의 설립과 성장에 귀족 여성들의 기여가 컸음에도 불구하고, 대학은 수백 년 동안 남성 중심적인 사회로 유지되었다. 심지어 1500년대에는 칼리지 내의 하인도 남자만 고용해야 한다는 규칙이 있었다. 50세 이상의 못생긴 여성만이 세탁이나 침대를 정리하는 일부 서비스업에 종사할 수 있었다.

젊은 여성들 중 일부는 먹고 살기 위해 어쩔 수 없이 창녀가 되기도 했다. 하지만 대학은 천하고 풍기 문란하다는 이유로 창녀를 엄격히 단속하였다. 칼리지는 창녀를 체포하여 스피닝 하우스(Spinning house)라는 교화원에 가두었다. 창녀들은 법정 대리인을 지니지도 못한 채 교화원의 불결한 환경에 감금되었고, 심지어 매를 맞기도 했다. 대학의 지나친 처사에 케임브리지 마을 사람들이 여러 차례 항의했다. 1891년에는 창녀로 체포된 17세의 소녀가 교화원에서 탈출했다가 다시 잡히는 사건이 있었다. 이에 대한 대중들의 거친 항의가 이어지자, 결국 소녀는 풀려났다. 이를 계기로 창녀의 체포는 점차 줄어들었고 법정 대리인 설정도 허용되었다.

19세기 말, 대학의 권한을 제한하는 법이 시행된 후 1901년에 교화원은 없어졌다. 그 건물은 경찰서로 사용되다가 1960년대부터 케임브리지 시 사무실로 사용되고 있다. 케임브리지의 번화한 거리인 세인트 앤드류스 스트리트(St. Andrew's Street)를 걷다 보면 한쪽에 '케임브리지 시 고객 센터'라고 써진 건물이 있다. 그곳이 바로 창녀를 가두는 스피닝 하우스(Spinning house)였다. 케임브리지의 사업가 토마스 홉슨에 의해 세워진 이 건물에는 '홉슨 하우스(Hobson House)'라는 간판과 함께 그를 기리는 푸른 명판이 걸려 있다.

여성들의 대학 입학은 험난한 여정을 거쳐 19세기 중반에야 허락되었다. 1847년 케임브리지 대학 총장으로 임명된 빅토리아 여왕의 부군 알버트 공(Prince Albert)은 대학에 많은 근대적인 변화를 가져왔다. 그중 하나가 여성들의 입학 허가였다. 이는 여성들을 위한 전용 칼리지가 설립되었기에 가능한 일이었다.

1869년 최초의 여성 칼리지인 거튼 칼리지(Girton College)를 세운 에밀리 데이비스(Emily Davies)는 평생을 여성의 교육과 고용, 선거권을 위해 바쳤다. 여성 칼리지가 전무하던 시절, 그녀는 케임브리지에서 50킬로미터 정도 떨어진 허트포드셔어(Hertfordshire)에서 다섯 명의 학생과 임시 주거지를 기반으로 칼리지를 세웠다. 그리고 4년 후, 다시 케임브리지에서 3킬로미터 정도 떨어진 거튼(Girton)이라는 곳으로 확장 이전하였다. 하지만 대학의 변화 속도는 느려, 1924년이 되어서야 칼리지 차터(charter)를 받아 정식으로 인정받았다.

또 하나의 여성 칼리지 뉴햄 칼리지(Newnham College)도 비슷한 시기에 세워졌다. 트리니티 칼리지의 교수였던 헨리 시즈윅(Henry Sidgwick)과 앤 제미마 클라프(Ann Jemima Clough)는 1871년 다섯 명의 여학생들과 함께 칼리지를 시작하였다. 그들은 처음에는 케임브리지 시내의 한 하우스에 기거하다가 1875년 지금의 위치로 건물을 지어 이전했다. 뉴햄 칼리지도 1917년에야 정식으로 인정받았다.

여성 전용 칼리지가 세워지고 입학이 허용되었으나, 여성들이 완전한 대학 구성원으로서 남성과 같은 권리를 얻기까지는 오랜 시간이 걸렸다. 여성들의 대학 강의 참여는 강사 재량이었고, 학위를 받는 트라이포스 시험에 대한 공식 권리는 인정되지 않았다. 그래서 한동안 여성들은 대학 시험을 볼 수는 있었으나 학위를 받지는 못했다. 여성들이 대학에서 공부한다는 생각은 여전히 널리 저항을 받았다. 여성들은 줄곧 편견과 불평등에 시달렸으며, 중세시대의 남성에게도 부여되지 않던 많은 금지 사항의 적용을 받아야 했다.

1890년 뉴햄 칼리지의 한 여학생이 수학 시험에서 남학생들을 제치고 최고 점수를 차지했을 때에는 대학 전체가 커다란 충격에 빠졌다. 오랫동안 수학은 여성들이 공부하기에는 너무나 지적인 분야로 여겨졌기 때문이다. 이 사건을 계기로 여성들은 학위 인정을 더욱 강하게 주장하였으나 대학은 줄기차게 반대하였다.

1897년 세닛 하우스에서는 여성들의 학위 인정에 대한 투표가 이루어졌다. 남학생들은 투표권을 지닌 의원들을 향해 격렬하게 반대 운동을 벌였다. 거리에는 여성의 대학 교육을 반대하는 현수막들이 내걸렸다. 투표 결과는 역시 반대 의견이 압도적으로 많아 여성의 학위 인정은 또다시 좌절되었다. 승리감에 도취한 남학생들은 마켓 스퀘어에서 밤새도록 축하 파티를 열었다고 한다.

하지만 여성들은 굴하지 않고 남성과 동등한 권리를 얻기 위해 지속적으로 항의를 하고 운동을 벌였다. 옥스퍼드 대학에서는 1919년 커다란 소동 없이 여성들의 학위가 인정되었다. 하지만 웬일인지 케임브리지 대학에서는 자꾸 지체되었다. 여러 우여곡절을 거쳐 케임브리지 대학의 여성들이 학위를 받을 수 있게 된 것은 1947년이었다. 이는 영국에서도 가장 늦은 편이었다. 국왕 조지 6세의 아내인 엘리자베스 여왕이 1947년 여성 최초로 케임브리지 대학의 명예박사 학위를 받았다. 이후 많은 재능있는 여성들이 학위를 받고 전문가로 활약하였다.

1970년까지만 해도 케임브리지 대학의 여학생 비율은 10% 정도에 불과했으나 지금은 거의 절반을 차지한다. 남성들만 다녔던 칼리지들도 점차 여성들의 입학을 허가하고 여성 칼리지들도 남성의 입학을 허가했다. 거튼(Girton) 칼리지는 1970년대부터 남성의 입학을 허락

여학생만 입학할 수 있는 뉴햄 칼리지

하였다. 처칠, 클레어, 킹스 칼리지 등 남성 전용 칼리지들도 대부분 1970년부터 여성의 입학을 허락하였다.

1992년에는 케임브리지 시의 첫 여성 의원이 선출되었다. 하지만 대학의 고위직에 진출하는 비율은 여전히 낮은 편이다. 저명한 인류학자 앨리슨 리차드(Alison Richard)는 케임브리지 대학의 부총장을 2003년부터 7년간 역임한 최초의 여성이었다. 몇 차례 우리나라를 방문했던 그녀는 케임브리지의 뉴햄 칼리지 출신으로, 예일 대학의 교수를 역임한 인류학자이다.

오늘날까지 여성 전용 칼리지로 남아 있는 뉴햄 칼리지는 많은 여성 작가와 과학자들을 배출하였다. 크릭(Crick), 왓슨(Watson)과 함께 DNA 이중나선 구조를 공동 발견했던 로잘린 프랑클린(Rosalind Franklin)과 오스카상을 수상한 영국의 유명 여배우 엠마 톰슨(Emma Thomson)도 이곳 출신이다. 뉴햄 칼리지는 케임브리지 시내에서 그리 멀지 않은 케임 강 서쪽에 자리 잡고 있다.

햇볕 가득한 어느 봄날, 뉴햄 칼리지를 방문하였다. 중세 칼리지와는 사뭇 다른 아늑하고 여성스러운 분위기가 인상적이었다. 오래되고 묵직한 나무 정문은 보이지 않았다. 그 대신 현대식 건물인 포터(Porter) 사무실을 통해서 칼리지에 들어갈 수 있었다. 포터는 친절하게 내부를 안내해 주었다. 칼리지 안으로 들어오니 시야가 탁 트이며 너른 정원과 아름다운 19세기 건물들이 펼쳐졌다.

붉은 벽돌색의 건물들은 흰색의 섀시 창문과 어우러지면서 한층 여성스러운 분위기를 자아냈다. 영국의 전통적인 하우스와도 닮은 듯한 건물들이 긴 회랑으로 연결되어 있었다. 기독교를 중시하는 중세 칼리지와는 달리 뉴햄 칼리지에는 설립 초기부터 채플이 없었다. 설립 목적이 종교적인 것이 아니라 여성 교육이기 때문이라고 한다. 대신에 칼리지 도서관은 다른 곳에 비해 매우 크게 지어졌는데, 이는 설립 당시만 해도 여성들의 대학 도서관 출입이 허용되지 않았기 때문이었다.

설립 초에는 여학생들의 아버지나 남자 형제를 제외한 다른 남성의 출입이 금지되었으나, 지금은 더 이상 그런 제한이 없다. 칼리지는 넓고 평화롭고 고요했다. 군데군데 여학생들이 삼삼오오 모여 이야기를 나누거나 봄 햇살을 만끽하며 벤치에 앉아 있었다. 멋들어지게 손질된 조경이 돋보이는 정원 한편에는 방치된 들풀들이 자유롭게 자라나고 있었다. 군데군데 잔디 사이로 올라온, 어여쁜 봄꽃들과 햇살 속에서 모든 게 아름다워 보이는 한낮이었다.

빅토리아 시대의 변화와 과학의 번성

    빅토리아 여왕이 영국을 다스리며 대영 제국의 명성을 쌓던 1837년부터 1901년까지 케임브리지에도 많은 변화가 생겼다. 18세의 빅토리아 여왕이 즉위할 때만 해도 케임브리지는 겨우 2만 4천 명의 인구를 지닌 소도시였다. 영국의 산업 도시와는 달리 석탄이나 철 같은 원재료가 부족했기에 케임브리지의 중심은 대학에 있었다. 하지만 대학은 권위적이고 보수적인 닫힌 사회였고 겨우 800여 명의 학생들이 있었다. 또, 부유한 대학과 가난한 마을 간의 격차는 심했다. 대학이 마을 사람들에게 일자리를 제공했지만, 마을 사람들은 대부분 케임브리지 중심부의 비좁고 더러운 집에서 살았다. 그마저 없는 극빈층들은 구빈원이라는 곳에서 비참한 삶을 이어가야 했다.

    빅토리아 시대에 케임브리지는 크게 변하였다. 19세기 중엽, 철도가 들어오자 인구가 크게 증가하였으며, 마을의 물리적 규모도 두 배로 성장하였다. 1910년 케임브리지의 인구는 4만 명, 대학생도 3천 명이나 되었다. 권위적이고 불합리한 대학 문화와 특권들도 점차 사라지고 마을의 권한이 상대적으로 커졌다. 시 의회가 대학의 권리를 존중한다고 선서하는 오랜 관행도 폐지되었다. 대학 총장은 더 이상 재판권이나 펍(pub)의 허가권을 지니지 못했고, 무게와 측량을 통제하는 대학의 오랜 특권도 치안 판사에게 이관되었다.

대학 자체의 개혁도 이루어졌다. 1847년부터 케임브리지 대학 총장을 지낸 빅토리아 여왕의 남편 알버트 공(Prince Albert)은 유럽의 여러 대학들과 비교하여 케임브리지 대학이 매우 폐쇄적임을 깨달았다. 1800년대까지 케임브리지 대학은 영국 성공회 회원들에게만 학위를 주었고, 귀족들은 특권을 누리며 특별한 노력 없이도 학위를 받을 수 있었다. 알버트 공은 왕립 위원회(Royal Commission)를 만들어 여러 가지 획기적인 대학 개혁을 단행하였다. 19세기 말, 마침내 카톨릭 교인과 유대인, 여성들의 대학 입학이 허가되었다. 예배 참석도 더 이상 강요되지 않았다.

수백 년 동안, 칼리지 구성원들의 결속력이 약화된다는 이유에서 금지되었던 교수들의 결혼도 마침내 허용되었다. 19세기 말까지 교수들은 결혼을 몰래 하거나 발각될 경우 대학을 그만두어야 했다. 16세기의 종교 개혁가 토마스 크랜머(Thomas Cranmer)는 지저스 칼리지에 입학하던 14세 때에 이미 고아였다. 그는 여관 주인의 조카딸과 사랑에 빠져 결혼을 하였고, 그 대가로 지저스 칼리지의 교수직을 포기해야만 했다. 하지만 부인이 출산 도중 사망하자 크랜머는 다시 지저스 칼리지로 돌아가 교수 생활을 이어갔다. 그 후 크랜머는 헨리 8세의 이혼을 도우며 영국 성공회의 최고 수장인 캔터베리 대주교로 임명되었다. 그런데 바로 그 전 해에 비밀리에 재혼한 상태였던 크롬웰은 어쩔 수 없이 부인을 나무 상자 속에서 숨어지내게 해야 했다.

19세기 말, 대학의 결혼 금지 규정이 폐지되자 교수들은 칼리지 밖에서 가족과 함께 살 수 있게 되었다. 이는 주택 수요의 증가로 이어져 시 주변부의 택지 개발을 더욱 촉진하였다. 이미 19세기 초반부터 토지의 사적 개발을 허용하는 법이 통과되어 신도시 개발이 도시의 경계를 점차 넓혀가고 있던 시기였다. 그로 인해 케임브리지 시 중심부에만 비좁게 모여 살던 인구 과밀 현상은 점차 완화되었다.

19세기 케임브리지 대학의 가장 큰 변화는 아마도 자연과학의 도입일 것이다. 그전까지 대학 졸업생들은 대부분 성직자가 되었기 때문에, 대학이 가르치는 과목도 제한적이었다. 수백 년간 케임브리지 대학은 신학과 수학, 고전, 의학과 같은 전통적 과목만 가르쳤다. 알버트 공은 새로운 산업 사회에 필요한 법률과 역사, 공학, 지리학, 동물학 등의 여러 과목을 새로 도입하였다. 그 중에서도 자연과학은 1848년에 정식 과목으로 도입되자마자 케임브리지에서 가장 인기 있고 주목받는 분야가 되었다. 알버트 공은 당시 베를린이나 본과 같은 독일 대학들을 보며 과학을 적극적으로 후원하였다.

케임브리지 대학은 1904년부터 오늘날까지 무려 90여 개의 노벨상을 받는 등 자타가 공인하는 세계적인 과학 중심지가 되었다. 여러

올드 캐번디쉬 연구소는 케임브리지 시내에 그대로 남아 있다.

분야에 걸쳐 노벨상을 받으며[7] 케임브리지가 세계적인 과학 중심지로 성장하게 된 데에는 또 한 명의 귀족의 공이 컸다. 알버트 공의 뒤를 이어 대학 총장을 맡은 윌리엄 캐번디시(William Cavendish)였다. 산업에 과학을 응용할 수 있다고 생각한 윌리엄 캐번디시는 6,300파운드(한화 약 1,100만 원)를 기부하여 자신의 이름을 딴 연구소를 설립하였다.

캐번디시 연구소는 1871년 설립 이후 물리학과 분자생물학 분야에서 중요한 업적들을 남기며 국제적 명성을 쌓았다. 노벨상도 연이어

---

7 물리학(29개), 의학(26개), 화학(21개), 경제학(9개), 문학(2개), 평화상(2개) 부문에서 각각 노벨상을 수상하였다.

수상했다. 제임스 클락 맥스웰(James Clerk Maxwell)은 캐번디시 연구소 최초의 실험물리학 교수였다. 그는 전자기 이론과 기체의 운동학 이론을 개발하고 물리학에 상대성 이론을 도입하였다. 또, 광학과 영사기를 연구하여 세계 최초로 컬러 사진을 찍는 성과를 이루었으나, 안타깝게도 46세라는 젊은 나이에 암으로 죽었다.

맥스웰의 뒤를 이은 사람은 제이제이 톰슨(Joseph John Thomson)이었다. 톰슨은 트리니티 칼리지를 졸업한 후, 28세에 캐번디시 연구소의 세 번째 물리학장이 되어 35년간이나 임하였다. 그는 물질의 기본 단위가 원자라는 당시 과학자들의 통념을 깨고, 1897년에 원자보다 더 작은 전자를 발견하였다. 이로부터 톰슨은 현대 물리학의 기초를 쌓은 업적을 인정받아 1906년에 노벨상을 받았다.

톰슨의 유명한 제자 어니스트 러더포드(Ernest Rutherford)는 원자를 구성하는 핵과 양성자를 발견한 공적으로 원자물리학의 발전에 큰 공헌을 하였고 1908년 노벨상을 수상했다. 그의 제자 제임스 채드윅(James Chadwick)은 원자핵의 또 다른 입자인 중성자를 발견하여 1935년 노벨상을 수상했다. 채드윅의 발견으로 우라늄 원자핵의 인위적인 분열이 큰 에너지를 방출한다는 사실이 알려져 원자 폭탄의 개발로 이어졌다.

캐번디시 연구소는 분자생물학 분야에서도 뛰어난 업적을 남겼다. 1953년, 프랜시스 크릭(Francis Crick)과 제임스 왓슨(James Watson)은 유전정보 물질인 DNA의 이중나선 구조를 발견하여 과학사에 큰 족적을 남겼다. 그에 이어 프레드 상거(Fred Sanger)는 1977년 DNA

의 유전 코드를 읽는 방법을 발견했다. 킹스 칼리지의 분자생물학 펠로우였던 상거(Sanger)는 1958년과 1980년에 노벨 화학상을 두 번이나 수상했다.

1974년 캐번디시 연구소는 시내에서 차로 10여 분 정도 걸리는 서쪽 캠퍼스로 이전하였다. 예전의 연구소와는 비교할 수 없을 정도로 크고 멋진 현대식 건물이다. 70여 년 동안 노벨상을 22개나 받으며 위대한 과학적 아이디어와 업적을 탄생시킨 올드 캐번디시 연구소(Old Cavendish Laboratory)는 시내에 그대로 남아 있다. 사실 건물 자체는 입구에 푸른 명판이 걸려 있는 것 외에는 특별하지 않다. 중세풍의 문과 그 위에 새겨진 성경 구절, 그리고 설립자인 캐번디시의 동상이 있는 평범한 건물이다. 정문을 통해 안으로 들어가면 어니스

올드 캐번디쉬 연구소의 건물 벽에 새겨진 악어 조각은 어니스트 러더퍼드를 기념하기 위한 것이다.

트 러더퍼드(Ernest Rutherford)를 기념하기 위해 에릭 길(Eric Gill)이라는 유명 조각가가 건물 벽에 새긴 악어 그림이 눈길을 끈다.

케임브리지 대학에는 자연과학뿐 아니라, 문학과 경제학 분야에서도 특출한 인물들이 있었다. 소설가이자 페미니스트 작가였던 버지니아 울프(Virginia Woolf), 20세기의 철학자 버트란트 러셀(Bertrand Russel)과 루트비히 비트겐슈타인(Ludwig Wittgenstein), 명석한 경제학자 존 메이너드 케인스(John Maynard Keynes), 이들 모두 케임브리지에서 활동했다. 철학가이자 수학자였던 버트란트 러셀(Bertrand Russel)은 1차 세계대전 동안 전쟁을 반대하는 활동을 벌여 트리니티 교수직을 박탈당한 채 감옥에 갇혀 있었다. 러셀은 1950년 노벨 문학상을 수상했는데, 그가 지은 『서양 철학의 역사(A History of Western Philosophy)』는 널리 알려져 베스트셀러가 되었다.

버지니아 울프를 비롯한 블룸스버리(Bloomsbury) 그룹 또한 케임브리지와 인연이 깊다. 버지니아 울프의 아버지와 두 명의 남자 형제 모두 케임브리지 대학에 다녀 그녀는 종종 케임브리지를 방문했다. 버지니아가 십 대였을 때, 부모님이 모두 돌아가시자 남겨진 사형제는 런던의 블룸스버리 거리로 이사를 했다. 그 집에서 형제들은 매주 목요일 밤마다 친한 친구들을 불러 문학과 예술, 경제 등에 관한 토론을 벌였다. 그들은 모두 작가, 예술평론가, 화가, 철학가 등으로 삶과 예술에 관심이 많은 당대의 지성인들이었다. 훗날, 블룸스버리 그룹이라 불린 그들의 정신은 오늘날까지도 영향을 미치고 있다.

런던의 대영 박물관(British Museum)에서 가까운 블룸스버리 거리는 오늘날에도 예술과 인문학을 사랑하는 사람이 모이는 지적인 동네이다. 국내에도 베스트셀러 저자로 잘 알려진 알랭드 보통(Alain de Botton)의 인생학교(The School of Life)가 최초로 문을 연 거리이기도 하다.

블룸스버리 그룹의 많은 멤버들이 케임브리지 대학에 다녔거나 연관된 인물이었다. 경제학자 존 메이너드 케인스(John Maynard Keynes)는 그중에서도 가장 뛰어난 인물이었다. 킹스 칼리지 교수였던 케인스의 경제 이론은 20세기 영국뿐 아니라 전세계의 경제정책에 커다란 영향을 미쳤다. 1930년대 미국의 대공황을 일자리 창출을 통해 타파한 루스벨트 대통령의 뉴딜 정책은 케인스의 이론을 토대로 한 것이었다. 케인스는 경제학 이외에 예술에도 관심이 많아 케임브리지 예술 극장의 설립과 영국 예술위원회의 발전에 지대한 공헌을 했다.

진화론자 찰스 다윈의 손녀이자 목판 화가인 그웬 르와트(Gwen Raverat)도 블룸스버리 그룹의 일원이었다. 블룸스버리 사람들은 그녀가 살았던 현재의 다윈 칼리지 정원에 종종 모여 파티를 열거나 물놀이를 즐겼다고 한다. 언젠가 가이드를 따라 들어가 본 다윈 칼리지 정원은 푸른 녹음이 우거진 가운데 케임 강이 흐르는 조용하고 아늑한 곳이었다.

산업의 발달과 케임브리지 현상

초창기 시절, 수 명이 한 방을 사용하던 빈약한 칼리지는 오늘날 명성과 업적 못지않게 경제적으로도 부유한 명문 대학으로 성장하였다[8]. 케임브리지 대학이 지역 사회에 뿌리내리고 탄탄한 기반을 다지기까지 오랜 세월 강력한 왕권의 지원과 함께 부자들의 통 큰 기부가 있었다. 특히, 중세의 부유한 미망인이나 천국에 가기를 바라는 부자들의 재산은 칼리지 설립과 운영을 위한 주요 재원이 되었다. 또, 일생을 독신으로 지내 자손이 없는 칼리지 교수들은 평생 모은 재산을 대학에 남기곤 했다. 19세기 말 이후에는 독신으로 지내는 고학력 여성들이 증가함에 따라 그녀들의 재산이 또 다른 기부의 재원이 되고 있다.

성공한 사업가들의 기부도 대학의 재정 확보는 물론, 뛰어난 지적

---

8 단적인 예로, 시내 중심가의 칼리지 소유 건물들은 매년 막대한 임대 수입을 올리고 있다.

자산을 쌓아 올리는 데에 커다란 기여를 해왔다. 코퍼스 크리스티 칼리지의 발명가 존 테일러 박사(Dr. John Taylor)는 2008년 백만 파운드(한화 약 17억 원) 가치의 황금 메뚜기 시계를 기부하는 한편, 도서관 건립 비용으로 250만 파운드(한화 약 44억 원)를 지원하였다. 케임브리지 시내 한편에 최초의 유럽 지사를 세운 마이크로소프트 사의 빌 게이츠는 컴퓨터 연구실을 짓기 위해 1,200만 파운드(한화 약 207억 원)를 기부하였다. 인텔의 설립자 고든 무어(Gordon Moore)도 새로운 수학 도서관 설립을 위해 기부했다. 자선단체 웰컴 트러스트(Wellcome Trust)는 케임브리지 남쪽에 상거 연구소(Sanger Institue)를 설립하고 인간 염색체 서열 데이터를 개발하는 사업을 지원했다.

캐번디시 연구소를 선두로, 대학이 오랫동안 축적한 과학 지식과 기술은 대학 중심의 지식 경제와 산업 발달로 이어졌다. 1980년 파이낸셜 타임즈(Financial Times)의 한 기사는 케임브리지 대학을 중심으로 한 지식산업의 발전을 '케임브리지 현상(Cambridge Phenomenon)'이라는 용어로 표현했다. 1985년에는 옥스퍼드 대학의 경제학자 닉 세갈 박사(Dr. Nick Segal)가 「케임브리지 현상」이라는 보고서를 발행했다. 이는 1970, 80년대 전자산업의 붐 속에서 케임브리지 대학이 산업계와 어떻게 크러스트를 형성하며 협업했는가를 보여준다. 당시 케임브리지에는 260

케임브리지 현상을 다룬 서적들

여 개의 기업이 13,000명 이상의 사람들을 고용하고 있었다. 보고서는 케임브리지 현상을 널리 알리고 성장을 더욱 촉진하였다.

케임브리지 현상을 대표하는 곳이 케임브리지 시내 북쪽에 자리 잡은 사이언스 파크(Science Park)이다. 1960년대에 영국 정부가 대학과 최첨단 산업 간의 연계를 통하여 과학 기반 산업을 발전시킬 것을 촉진한 것이 계기가 되었다. 1970년대에 사이언스 파크를 처음 조성한 곳은 트리니티 칼리지였다. 트리니티는 시내 북쪽으로 4킬로미터 떨어진 농지에 약 53헥타르의 사이언스 파크를 조성하였다. 과학 연구를 산업적으로 활용하기 위한 영국 최초의 산업 단지였다. 세 명의 캐번디시 연구원으로 구성된 컴퓨터 그래픽 회사 레이저 스캔(Laser Scan)이 사이언스 파크에 입주한 최초의 기업이었다. 이후 컴퓨터 관련 회사뿐 아니라 제약, 유전학, 인쇄, 레이저 등 다양한 회사들이 입주했다. 사이언스 파크는 신기술의 테스트 베드일 뿐 아니라, 대학과 기업 간의 협업을 위한 과학 커뮤니티로 발전했다. '유럽에서 가장 오래된 최대 규모의 상업 연구 개발 센터'로 일컬어지기도 한다.

오늘날 케임브리지 시의 반경 10마일(약 16킬로미터) 이내에는 천여 개 이상의 하이테크 기업들이 모여 있어 4만 명 이상을 고용하고 있다. 이와 같이 케임브리지 시 주변에 수많은 최첨단 기술 회사들이 밀집되어 있는 현상을 실리콘 펜(Fen)이라고도 부른다. 미국의 실리콘밸리에 빗대어 습지대가 많은 케임브리지의 특성을 나타내는 말이다.

사이언스 파크가 조성되기 이전에도 대학과 함께 성장한 케임브리지 지역 기업들이 있었다. '케임브리지 인스트루먼트 컴퍼니(Cambridge Instrument Company)'는 1881년 찰스 다윈의 막내아들 호레이스 다윈(Horace Darwin)이 설립한 과학실험 도구 제작 회사이다. 케임브리지 대학이 자연과학을 처음 도입했을 19세기 중엽에는 실험 도구를 만들만한 시설이 없어 연구원이나 교직원들이 직접 만들었다. 대학의 수요에 부응하기 위해 캐번디시 연구소의 한 기계공이 과학 도구를 제작하는 사업을 시작하였으나, 곧 한계에 부딪혔다. 이 회사를 눈여겨보던 호레이스 다윈(Horace Darwin)은 1881년 친구와 함께 회사를 사들였다. 공동 창업자 듀 스미스(Dew-Smith)는 엔지니어이자 사진가, 도구 제작가로 트리니티 칼리지에 있던 사람이었다. 회사는 성장하여 1920년 런던의 도구 제작 회사에 인수되었다가, 1968년 조지 켄트 그룹(George Kent Group)에 합병되어 영국 최대의 산업 도구 제조사를 이루었다.

　파이(Pye)라는 기업도 19세기 말에 케임브리지에서 성장한 기업이다. 캐번디시 연구소에서 과학 도구를 만들던 윌리엄 파이(William

케임브리지 기업 파이(Pye)가 제작한 TV

George Pye)는 1896년 자신의 집 정원 창고에서 사업을 시작하여 공장으로 발전시켰다. 파이는 1921년 라디오를 제조하기 시작하였고, 1950년대에는 영국에서 가장 큰 TV 제작사로 성장하였으나 1976년 네덜란드 기업 필립스에 인수되었다. 케임브리지 기술 박물관에 가면 예전에 파이가 제작했던 TV를 볼 수 있다.

대학이 소유한 과학 지식의 상업화는 1960년 정보 기술의 발전과 함께 본격적으로 진행되었다. 1987년에는 세인트 존스 칼리지가 이노베이션 센터를 설립하였다. 1992년부터 시작된 상거 연구소(Sanger Institute)는 인간 염색체 서열 데이터를 개발함으로써 케임브리지를 세계적인 게놈(genome) 센터로 널리 알렸다. 2003년에는 케임브리지 나노과학센터가 새로운 캐번디시 연구소 옆에 세워졌다. 그리고 대학의 지적 자산과 기술을 바탕으로 무수히 많은 최첨단 벤처 기업이 탄생했다. 케임브리지에서는 새로운 기술과 혁신이 비교적 쉽게 이루어졌다. 2005년부터는 교수 개인적으로 이루어지던 기업과의 협업에 대학이 나서기 시작했다. 라이센싱 절차를 통하여 신기업에 재정과 컨설팅을 제공하고 지적 재산권을 관리하는 등 대학은 연구 성과의 상업화를 적극적으로 지원하고 있다[9]. 기부와 투자, 지적 자산이 집중되면서 오늘날의 케임브리지는 미 캘리포니아, 동경 쯔꾸바와 함께 세계적인 과학연구 네트워크의 허브를 이루고 있다.

---

9 케임브리지 대학은 ㈜케임브리지 엔터프라이즈(Cambridge Enterprise Ltd.)와 자회사인 ㈜케임브리지 대학 기술 서비스(Cambridge univ. Technical Service Ltd.)를 설립하여 과학기술의 상업화를 지원한다.

제2부

칼리지 속의
재미난 이야기

최초의 칼리지, 피터하우스

마을과의 갈등을 피해 옥스퍼드에서 많은 학자들이 도망쳐 온 13세기 무렵, 케임브리지에서 가까운 일리(Ely) 성당의 대주교 휴지 발샴(Huge de Balsham)은 학생들을 위한 전용 장소가 필요하다고 생각했다. 그래서 그는 트럼핑턴 스트리트(Trumphington Street)에 있는 두 채의 작은 하우스(house)에서 학생들이 공동으로 생활하도록 하였다. 이것이 케임브리지 최초의 칼리지 피터하우스의 기원이다.

피터하우스는 트럼핑턴 스트리트의 피츠윌리엄 박물관 근처에 자리 잡은 자그마한 칼리지이다. 케임브리지 대학 칼리지 중에서 유일하게 '하우스'라는 명칭을 지닌 곳이기도 하다. 킹스 칼리지나 트리니티 칼리지 같은 크고 부유한 칼리지를 둘러보는 것도 좋지만, 이렇게 작은 칼리지의 독특한 분위기를 둘러보는 것도 재미있다. 피터하우스는 서른 한 개의 칼리지 중에서 최초라는 역사적인 의미 때문인지

1284년에 세워진 최초의 칼리지, 피터하우스

관광객들의 발길이 꽤 머무는 것 같다.

피터하우스 바로 옆에는 오랫동안 전용 채플로 사용된 리틀 세인트 메리(Little St. Mary) 교회가 있다. 지금은 영국 성공회를 따르는 지역 교회지만, 그 지하에는 피터하우스의 전직 마스터(master)와 졸업생들이 묻혀 있다. 교회 내부의 북쪽 벽면에는 피터하우스의 펠로우이자 교회 목사였던 레브 고프리 워싱턴(Rev. Godfrey Washington)을 추모하는 명판이 걸려 있다. 별 문양이 있는 워싱턴가의 문장이 어딘가 미국 성조기를 닮았다고 생각했는데, 알고 보니 그는 미국의 첫 대통령 조지 워싱턴의 종조부(great-uncle)였다.

피터하우스를 둘러보고 있노라면 옛날 옛적 중세의 분위기가 풀풀 나는 것만 같다. 오래된 책장 냄새가 나는 것도 같다. 잘 구운 바게트를 연상시키는 고운 빛깔의 건물들이 새파란 하늘과 어울려 환상적인 색의 조화를 이루곤 한다. 칼리지 곳곳에는 낡고 오래된 분위기에 대조되는 싱싱하고도 앙증맞은 화분들이 놓여 있다. 소박한 전통의 분위기, 참 예쁘다. 17세기에 지어진 피터하우스의 전용 채플은 여느 칼리지와 달리 정문 바로 앞에 위치한다. 당시의 청교도적 분위기를 반영하듯 채플은 전체적으로 소박하고 단순한 스타일이지만 벽면을 장식한 스테인드글라스는 아름다웠다.

언젠가 우리가 방문했을 때는 마침 점심시간이었다. 칼리지 내부 까페에는 점심 식사를 먹기 위한 줄이 길게 늘어서 있었다. 메뉴를 보았더니 모든 식사가 1파운드가 채 되지 않아, 외부 식당에 비하면 무척 싼 값이었다. 외부 손님은 2파운드라는 표시가 있길래, 혹시나 우리도 이용할 수 있는지 식당 직원에게 물었다. 대답은 역시나 안된다는 것이었다. 칼리지 학생들은 수업료를 지불할 때에 식사비를 포함한 생활비를 지불했기 때문에 이렇게 저렴한 가격에 먹을 수 있다는 것이었다. 단, 학생들이 데려오는 손님은 2파운드만 추가로 내면 이용할 수 있다고 한다.

1815년 트럼핑턴 스트리트에서 바라본 피터하우스

코펜에서 바라본 피터하우스

케임브리지에서 가장 작은 칼리지인 피터하우스를 둘러보는 데에는 그리 오래 걸리지 않는다. 그런데 이런 작은 칼리지에도 꼭 있는 게 있다. 바로 정원이다. 정원은 칼리지를 구성하는 중요한 요소이다. 정원이라면 죽고 못 사는 영국인들의 습성을 나타내는 것 같다. 피터하우스에도 가꾼 듯, 가꾸지 않은 듯 자연스럽고 아름다운 정원이 있다. 19세기에는 이 정원에서 사슴을 키우기도 했는데, 전염병으로 죽었다고 한다. 피터하우스의 정원은 담 하나를 사이에 두고 코펜(Coe fen)이라는 목초지와 연결되어 있다. 코펜의 녹지를 걸으며 바라보는 피터하우스의 전경도 꽤 아름답다. 오늘날과 달리, 예전의 코펜은 물이 많은 습지대여서 사람들은 배를 타고 다녔다. 그때 지나다니던 수문이 아직도 피터하우스의 담장에 남아 있다.

트럼핑턴 스트리트에서 바라보면 피터하우스 건물 3층에 철제 방책(bar) 같은 게 설치되어 있는 창문이 하나 보인다. '그레이(Grey)의 창문'이라 불리는 이곳에는 재미있는 일화가 전해진다. 유명한 시인이자 당시 피터하우스의 펠로우였던 토마스 그레이(Thomas Grey)는 불을 몹시도 두려워했다. 그는 화재를 너무 걱정한 나머지, 창문에 방책을 설치하고 밧줄을 매달아 탈출에 대비했다. 그러던 어느 겨울밤, 학생들의 장난기가 심하게 발동했다. 학생들은 건물밖에 차가운 물이 담긴 욕조를 놓아두고는, "불이야! 불이야!"라고 큰 소리로 외쳤다. 잠자다 놀란 토마스 그레이는 잠옷을 입은 채 허겁지겁 밧줄을 타고 내려와 차가운 물에 풍덩 빠지고 말았다. 학생들의 장난임을 알아차린 토마스 그레이는 노발대발 격분하며, 이런 칼리지에서는 도저히 살 수 없다며 피터하우스의 펠로우 직을 그만두고 길 건너편의 펨브로크 칼리지로 이전했다.

맨 위층에 철책이 달린 창문이 그레이의 창이다.

피터하우스는 여러 걸출한 인물들을 배출하였는데 그중 한 명이 절대온도를 창시한 물리학자 켈빈 경(Lord Kelvin)이었다. 켈빈 덕분에 피터하우스는 1884년 최초로 전기를 도입한 칼리지로 기록되었다. 피터하우스 설립 육백 주년 기념행사 때, 켈빈이 처음으로 전기 조명을 설치하였던 것이다. 오늘날 없어서는 안 될 전기지만 처음 도입되었을 때에는 몹시 반대했던 사람들도 있었으니, 다름 아닌 세탁부들이었다. 발전기에서 날라온 검댕으로 공들여 빨아 널은 세탁물들이 더러워진다는 이유에서였다고 한다.

정원이 아름다운 클레어 칼리지

피터하우스에 이어 두 번째로 설립된 칼리지가 클레어 칼리지(Clare College)이다. 비슷한 시기에 킹스홀(King's Hall)과 마이클하우스(Michalhouse)라는 작은 칼리지도 설립되었는데, 나중에 모두 트리니티 칼리지에 흡수되었다. 클레어 칼리지는 1326년에 설립된 이후 재정적 어려움에 봉착해 있던 소규모 칼리지였다. 여기에 재정적 지원을 하여 칼리지를 재건립한 것은 1338년 레이디 엘리자베스 드 클레어(Lady Elizabeth de Clare)라는 여성이었다.

레이디(Lady)라는 칭호가 붙으면 왕족이나 그에 준하는 귀족 여성이다. 엘리자베스 드 클레어는 영국 왕 에드워드 1세의 손녀였다. 하지만 그녀는 서른이 되기도 전에 남편을 세 명이나 잃고 부유한 미망인이 되었다. 그녀의 오빠마저 자손 없이 전쟁터에서 목숨을 잃는 바람에 많은 재산을 남겼다. 그녀는 막대한 재산을 이용하여 자신의 이름을 딴 칼리지 클레어홀(Clare Hall)을 설립하였다. 오늘날에도 클레어 칼리지의 문장을 보면 주변에 눈물이 뚝뚝 떨어지는 듯한 모양이 있는데 남편을 세 명이나 잃은 그녀의 한 맺힌 눈물을 나타내는 것이라고 한다.

눈물을 뚝뚝 흘리는 듯한
클레어 칼리지의 문장

클레어 칼리지는 관광객으로 떠들썩한 킹스 칼리지의 채플 입구 옆에 조용하고 소박한 모습으로 자리하고 있다. 한동안 화재 등으로 피폐했던 클레어 칼리지의 건물들은 17세기경에 재건되었다. 노란색

클레어 칼리지

의 석조 건물들을 감상하며 안쪽으로 들어가다 보면 케임 강이 한 눈에 들어온다. 거기에는 케임 강에서 현존하는 가장 오래된 다리가 놓여 있다.

클레어 브리지(Clare Bridge)라고 불리는 이 다리는 1638년경에 만들어졌다. 다리 난간에는 세월의 흔적이 엿보이는 원형의 석조 볼이 양쪽으로 14개나 놓여 있다. 그런데 케임 강 상류 쪽 난간의 여섯 번째 볼을 자세히 살펴보면 한쪽 면이 떨어져 나간 듯 원형이 아니다. 그래서 석조 볼은 정확히 14개가 아닌 13과 4분의 3개라고 일컬어진다. 그런데 이 미완의 석조 볼은 오랜 세월 속에서 자연스럽게 손상된 것이 아니라, 처음 다리가 놓일 때부터 그랬다고 한다. 그 이유

클레어 브리지(Clare Bridge)

에 관해서는 여러 가지 설들이 회자되고 있다. 그중에서도 널리 알려진 것이 대학이 겨우 3실링의 보수만을 지불한 것에 화가 난 건축가가 고의로 그랬다는 이야기이다. 아무튼, 이 다리는 케임브리지에서 가장 아름답고 오래된 다리로 손꼽힌다.

하지만 난 다리 자체보다는 다리에서 바라보는 풍경에 더 후한 점수를 주고 싶다. 유유히 흐르는 케임 강과 노를 저으며 펀팅을 즐기는 사람들, 눈이 시릴 듯 파란 하늘과 싱싱한 나뭇잎들, 빨강, 노랑으로 어느새 피어난 봄꽃들, 아무리 바라보고 있어도 싫증이 나지 않는다. 지친 뇌의 한편이 다시금 생생하게 깨어나는 듯한 느낌이다. 다리 위를 걸어 케임 강을 건너면 다시 넓은 녹지가 펼쳐진다. 햇빛으로 반짝이는 나무와 풀밭 사이를 거닐다 문득 뒤돌아보면, 저 멀리 한 폭의 그림 같은 클레어 칼리지의 모습이 보인다. 그 옆에 웅장하게 서 있는 킹스 칼리지 채플과 함께, 이 전경은 케임브리지의 사진집이나 달력, 우편엽서에 자주 등장한다. 날씨만 좋으면 금세 작품 사진이 만들어질 수도 있다.

클레어 칼리지의 후문까지 이어지는 길 한편에는 아름다운 것으로 정평이 나 있는 펠로우 가든(fellow garden)이 있다. 클레어 칼리지는 원래 메인 코트의 아름다움으로 유명했고, 정원은 거의 방치된 상태였다. 그런데 1940년대 후반, 네빌 윌리엄 교수가 새로운 조경 기법과 색채를 도입하면서 아름다운 정원으로 거듭났다. 몇 개의 구간으

칼리지 후문 쪽에서 바라본 클레어 칼리지와 킹스 칼리지 채플

로 구분된 이 정원에서는 사계절 언제든지 아름다운 꽃과 식물을 감상할 수 있다고 한다. 칼리지의 펠로우를 위한 공간인 만큼 외부인들은 지정된 시간에만 들어갈 수 있다.

클레어 칼리지의 후문 근처에는 후덕하고 해학스러운 느낌의 공자 동상이 서 있다. 예상치 못한 곳에서 발견한 의외의 공자 모습이 반가웠다. 클레어 칼리지는 1685년에 처음으로 공자의 가르침을 영어로 번역하며 일찍부터 중국과 인연을 맺었다.

공자의 동상

칼리지의 후문을 지나 도로를 건너면, 메모리얼 코트라 불리는 또 다른 클레어 건물들이 나타난다. 이곳 정원에는 DNA 이중나선을 나타내는 커다란 청동 조각상이 눈길을 끈다. 미국에서 박사 학위를 받은 후, 클레어 칼리지에서 연구원을 지내던 제임스 왓슨이 DNA

클레어 칼리지의 DNA 조각상

자기 복제 과정을 규명함으로써 20세기 케임브리지 과학의 한 역사를 장식했던 것을 기념하기 위한 것이다.

설립 당시의 이름인 클레어홀은 19세기 중엽부터 클레어 칼리지로 바뀌었다. 그런데 오늘날 케임브리지 시내 서쪽에는 클레어홀이라 불리는 또 다른 칼리지가 있다. 이 클레어홀은 1966년 클레어 칼리지가 설립한 대학원생 전용 칼리지로, 주로 해외에서 오는 학자들이나 방문 교수들을 위한 장소로 사용되고 있다. 하지만 현재는 클레어 칼리지와는 완전히 별개로 운영되고 있다. 언젠가 우연히 들려본 클레어홀은 전체적으로 붉은색 창틀이 적용된 북유럽 스타일의 건물 분위기가 인상적인 곳이었다.

크리스토퍼 렌의 첫 작품이 남아 있는
펨브로크 칼리지

피터하우스의 맞은 편에 위치한 펨브로크 칼리지는 케임브리지에서 세 번째로 오래된 곳이다. 이 칼리지 역시 기구한 운명의 부유한 여성의 후원으로 1347년에 설립되었다. 전해오는 이야기에 따르면, 프랑스 여성 마리 드 발랑스 (Marie de Valence)는 열일곱 살의 나이에 오십 세의 펨브로크 백작(Earl of Pembroke)과 결혼하였다. 그런데 이 나이 많은 남편, 너무 무리했던 것인지 결혼 축하연에서 갑작스런 심장마비로 사망하였다[10]. 일찌감치 남편을 잃은 어리고 부유한 미망인은 많은 재산을 기부하여 남편의 이름을 딴 칼리지를 짓기로 했다. 친구였던 클레어 칼리지의 설립자 엘리자베스 드 클레어로부터 많은 조언과 영감을 받았다고 한다.

---

10 남편의 사망 시기에 대해서는 신혼 첫날밤이라고도 하고 삼년 후라고도 하여 자료별로 조금씩 다르다.

펨브로크 백작 부인은 칼리지가 설립된 이후로 30년 동안이나 자급자족 생활에 필요한 많은 시설들을 제공하며 물심양면으로 도왔다. 기존의 마을 교회를 이용하던 다른 칼리지와는 달리 펨브로크는 일찌감치 전용 채플을 지었다. 덕분에 펨브로크 칼리지는 일찍부터 명성을 쌓으며 오랜 세월 안정적으로 발전할 수 있었다.

펨브로크 칼리지 역시 중세의 분위기를 느낄 수 있는 아담한 칼리지이다. 학생도 오백여 명 정도로 중간 규모에 속한다. 케임브리지 칼리지들은 가장 오래되었다거나 규모가 크다거나 하는 식으로 제각기 무언가 의미를 부여하곤 하는데 펨브로크는 정문이 가장 오래되었다고 한다. 18세기경, 일부 손질을 가하기는 했으나 현재의 정문은 거의 오리지널이라고 하니 칠백 년 가까이 된 셈이다. 이 크고 육중한 나무문은 얼핏 보기에도 호랑이 담배 피우던 시절의 것인 양 오래 묵은 분위기를 풍긴다. 1365년에 지어진 올드 코트(Old Court) 또한 원래 가로, 세로 길이가 각각 17미터, 29미터 밖에 되지 않아 케임브리지에서 가장 작은 규모였다고 한다. 지금은 그리 작아 보이지 않는데, 19세기에 남쪽 건물을 허물어 확장했기 때문이다.

펨브로크 칼리지의 자랑거리는 역시 채플이다. 정문을 들어서 오른편으로 향하면 크리스토퍼 렌(Christopher Wren)이 처음으로 설계한 채플이 보인다. 크리스토퍼 렌은 영국이 자랑하는 위대한 건축가로 1666년 런던 대화재 이후, 세인트폴 대성당을 비롯한 많은 성당을 설계하였다. 원래 천문학자였던 그가 건축가로서의 행보를 시작한 곳이 바로 펨브로크 칼리지의 채플이었다.

펨브로크 칼리지

　명석한 천문학자로 옥스포드 대학교수였던 크리스토퍼 렌이 건축
가로 나서게 된 것은 그의 삼촌, 마츄 렌(Marthew Wren) 때문이었다.
피터하우스의 마스터이자 일리(Ely)의 대주교였던 마츄 렌은 시민전
쟁 때 왕정을 지지한다는 이유로 올리버 크롬웰의 미움을 받아 런던
타워에 갇혔다. 그는 18년 동안이나 감옥살이를 하면서 만일 무사히
풀려나간다면 감사의 마음으로 자신의 모교인 펨브로크(Pembroke)
칼리지에 채플을 짓겠다고 결심했다. 마침내 감옥에서 풀려나자 그
는 조카 크리스토퍼 렌에게 채플의 설계를 부탁했다. 건축 경험이 전
무했던 31세의 렌은 삼촌의 부탁을 받아들여, 1663년부터 채플 설
계를 시작하였다. 설계는 2년 후 마츄 렌이 80세가 되던 해에 완성
되었다.

　펨브로크 칼리지의 채플은 렌이 설계한 첫 번째 작품으로 영국에
서 가장 고전적인 양식의 교회 중 하나이다. 외관뿐 아니라 내부도
엄격한 수학적 비율에 따라 설계되었다. 흰색의 석고 조각으로 이루

어진 천장, 검정과 흰색의 대비로 이루어진 바닥, 나무로 만들어진 양편의 의자, 스테인드글라스가 없는 창문은 그가 설계한 양식의 특징이었다. 오늘날까지 그 모습은 거의 그대로 보전되어 있는데, 19세기 말에는 늘어나는 학생들을 수용하기 위해 조지 길버트 스콧(George Gilbert Scott)이라는 건축가를 통해 일부를 확장하였다. 채플의 앞쪽 대리석 기둥이 있는 부분이 그때 추가된 부분이다.

16세기 종교 개혁가 니콜라스 리들리(Nicholas Ridley)는 펨브로크 칼리지의 펠로우를 거쳐 마스터가 되었다. 그는 영국 성공회의 도입에 앞장섰던 토마스 크랜머를 도와 개신교의 확산을 위해 애썼다. 하지만 가톨릭으로 복귀한 메리 여왕 시대에 리들리는 이단으로 낙인 찍혀 옥스퍼드에서 화형당하였다. 죽기 직전에 펨브로크 칼리지를

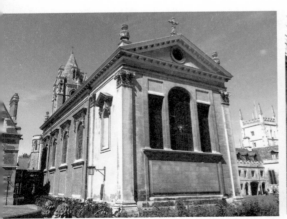

크리스토퍼 렌이 설계한 펨브로크 칼리지 채플

그리워하는 메시지를 남긴 그를 추모하기 위해, 아름다운 꽃들이 만발한 칼리지 정원에는 '리들리의 산책로(Ridley's Walk)'라 명명된 곳이 남아 있다.

19세기 빅토리아 시대에 새로운 코트와 도서관 등이 지어지면서 펨브로크 칼리지의 규모는 두 배로 늘어났다. 칼리지의 안쪽으로 들어갈수록 건물과 정원들이 계속 이어지고, 현대식 건물들도 보인다. 빅토리아 시대에 지어진 도서관 옆에는 영국의 최연소 총리 윌리엄 핏(Pitt)의 동상이 있다. 윌리엄 핏은 1773년 14세에 펨브로크 칼리지에 입학하여 7년간 다녔다. 대학 시절 케임브리지 의원을 지내는 등 정치와 인연이 깊었던 그는 1783년 24세의 어린 나이부터 이십여 년 동안이나 영국 총리를 지내며 최초로 소득세를 도입하는 등의 업적을 남겼다.

영국의 최연소 총리 윌리엄 핏의 동상

법률가 양성을 위해 설립된 트리니티홀

1340년대에는 영국에 흑사병이 대유행하여 인구의 절반 가량이 줄어들었다. 케임브리지에서 가까운 노리치(Norwich)의 대주교였던 윌리엄 베이트맨(William Bateman)은 자신의 교구에서 700여 명의 신부가 흑사병으로 죽자 인재 양성을 위해 칼리지를 설립하였다. 1350년에 설립된 트리니티홀(Trinity Hall)의 일차적인 목적은 교회에 봉사할 법률 전문가를 양성하는 것이었다. 오늘날까지 트리니티홀은 많은 판사와 변호사를 배출하며 법률 분야에서 명성을 유지하고 있다.

트리니티홀은 그 이름 때문에 트리니티 칼리지의 일부이거나 관련된 곳으로 오해받기 쉽다. 하지만 트리니티홀은 트리니티 칼리지와는 전혀 다른 역사와 전통을 지녔고, 규모는 작으나 트리니티보다 훨씬 이전에 설립되었다. 케임브리지의 많은 칼리지가 초창기에는 홀(hall)

로 불렸으나, 19세기경 대부분 칼리지로 이름이 바뀌었다. 예를 들어 클레어홀은 클레어 칼리지로, 펨브로크홀은 펨브로크 칼리지로 바뀌었다. 하지만 트리니티홀은 이미 트리니티 칼리지가 있었기 때문에 오늘날까지도 유일하게 '홀'이 들어간 이름을 유지하고 있다.

트리니티홀은 케임 강가에 위치하지만, 다리도 없고 강 건너로 건물이 확장되지도 않은 작은 규모의 칼리지이다. 특별한 관심이 없는 한 그냥 지나치기 십상이다. 우리 역시 한동안 무심하게 지나치다가 어느날 문득 안으로 들어가 보았다. 입구는 작아도 내부에 큰 공간을 보유한 다른 칼리지들과는 달리 트리니티홀은 밖에서 보이는 대

법률가 양성을 위해 설립된 트리니티홀

로 내부도 작았다. 정문을 들어서자마자 보이는 아담한 메인 코트(main court)는 원래 14세기경에 지어졌으나 18세기에 고전 양식으로 개조되었다.

트리니티홀의 채플도 케임브리지 칼리지 중에서 가장 작은 규모이다. 채플이 너무 작아 학생들을 모두 수용할 수 없어 일 학년들만 의무적으로 예배에 참여하고 있다. 도서관은 케임브리지에서 가장 오래된 것 중의 하나로 설립자 베이트맨의 교습서를 비롯한 일부 책들을 아직도 사슬에 묶어 보관하고 있다. 도난 방지를 위해서라고 하는데 전통을 이어가고자 하는 마음도 큰 것 같다.

무심히 지나치던 트리니티홀에 관심을 갖게 된 것은 마일스톤(milestone) 사업 때문이었다. 4세기경 로마인들은 영국의 주요 도로의 거점마다 마일스톤이라는 이정표를 세워 여행자들의 편의를 도왔다. 그 후 1725년경 새로운 마일스톤을 세우는 사업이 추진되었다. 이 사업의 책임자가 트리니티홀의 펠로우이자 부학장이었던 윌리엄 와런 박사(Dr.William Warren)였다. 역시 트리니티홀의 펠로우였던 윌리엄 마우스 박사(Dr.William Mowse)와 로버트 헤어(Robert Hare)가 남긴 거액의 기부금이 사업 추진의 토대가 되었다. 케임브리지 대학 교회인 그레이트 세인트 메리 교회가 마일스톤의 물리적 기준점이 되었다. 교회 입구의 둥근 명판에는 윌리엄 워런 박사와 마일스톤 이야기가 적혀 있다. 워런 박사는 이 교회로부터 런던에 이르는 주요 도로를 측정하여 1마일마다 마일스톤을 세웠다. 대부분의 마일스톤에는 거리와 함께 트리니티홀의 예전 문장이 새겨져 있다.

적군의 공격을 피하기 위해 모든 지명을 숨겨야 했던 2차 세계대전 동안 영국 정부는 마일스톤을 숨겼으나 이후 다시 세웠다. 케임브리지 주변에도 아직 몇 개의 마일스톤이 남아 있다. 그중 첫 번째와 두 번째 마일스톤은 케임브리지 시내 근처에 있다. 트럼핑턴 스트리트에서 보타닉 가든을 향해 직진하다 보면 오른편 도롯가에 첫 번째 마일스톤이 있다. 평범한 돌 비석인지라 눈에 잘 띄지 않는다. 마일스톤에는 그레이트 세인트 메리 교회까지 1마일이라는 숫자와 함께 방향을 나타내는 손가락 표시가 있다. 지금과는 조금 다른 반달 모양의 예전 트리니티홀의 문장도 새겨져 있다. 트리니티홀의 문장 옆에

그레이트 세인트 메리 교회까지 1마일 거리임을 나타내는 마일스톤(케임브리지 보타닉 가든 근처)

있는 여섯 개의 원형 마크는 마일스톤 사업에 기부금을 제공한 윌리엄 모스 박사의 가족 문장인 것으로 추정된다.

마일스톤에 새겨진 글씨를 찬찬히 살펴보면, 그레이트 세인트 메리 교회의 표기법이 지금과 다르다는 것을 알 수 있다. Mary's 대신 아포스트로피(apostrophe)가 없는 Maries로 표기되어 있다. 당시에는 아포스트로피가 없었던 걸까? 알고 보니 당시에는 아포스트로피가 소유를 나타내는 데에는 사용되지 않고 철자를 생략하는 등의 다른 용도로만 사용되었다고 한다. 첫 번째 마일스톤에서 계속 직진하다 보면 이번엔 도로 왼편에 교회까지 2마일임을 나타내는 마일스톤이 있다. 약 삼백 년 전에 세워진 마일스톤이 아직 이렇게 남아 있다니 신기했다.

스티븐 호킹의 모교, 곤빌앤키스 칼리지

지난 겨울, 천재 물리학자 스티븐 호킹의 일대기를 그린 영화 『사랑에 관한 모든 것(The Theory of Everything)』을 관람했다. 젊고 건강했던 호킹이 갑자기 루게릭병에 걸리며 온갖 역경 속에 살아온 인생과 사랑 이야기였다. 호킹은 옥스퍼드 대학을 졸업한 후, 케임브리지에서 대학원을 다녔다. 그래서 영화에도 케임브리지의 익숙한 거리와 칼리지들이 줄곧 등장했다. 그런데 영화의 배경으로 나온 칼리지는 실제 호킹이 다니던 칼리지가 아니었다. 영화에는 붉은 벽돌 빛의 세인트 존스 칼리지와 한숨의 다리(Bridge of Sigh)가 등장하여 영상미를 극대화했지만, 실제 호킹이 다닌 곳은 곤빌앤키스(Gonville and Caius)라는 칼리지였다.

곤빌앤키스 칼리지는 세닛 하우스와 좁은 골목을 마주하며 트리니티 스트리트에 위치하고 있다. 케임브리지에서 가장 크고 화려한 킹스 칼리지와 트리니티 칼리지 사이에 위치하여 처음에는 별로 눈에 뜨이지 않았다. 그런데 알고 보니 이 칼리지 역시 유서 깊은 곳인데다 흥미로운 이야기를 담고 있었다.

곤빌앤키스 칼리지의 문 위에는 세 사람의 동상이 서 있다. 곤빌(Gonville)과 키스(Caius), 윌리엄 베이트맨(William Bateman), 모두 칼리지의 설립과 유지에 크게 기여했던 사람들이다. 처음으로 1348년에 이 칼리지를 세운 사람은 수도사 곤빌이었다. 그는 영국에서 흑사병이 발생하여 많은 사람들이 죽자, 성직자를 양성하기 위해 프리스쿨레인(free school lane)이라는 인근 거리에 곤빌홀(Gonville Hall)을 설립했다. 하지만 그가 3년 만에 사망하자, 근처의 대주교였던 윌리엄 베이트맨이 뒤를 이어 칼리지를 돌보았다. 윌리엄 베이트맨은

곤빌앤키스 칼리지

곤빌홀을 지금의 자리로 이전시키는 한편, 가까운 곳에 새로운 칼리지 트리니티홀(Trinity Hall)을 설립하였다. 이후 곤빌홀은 변변한 후원자가 없어 거의 이백 년 동안이나 소규모로 유지되었다. 그러다가 1557년경, 곤빌홀의 졸업생이자 부유한 의사였던 존 키스(John Keys) 박사의 지원으로 칼리지는 다시 활기를 찾게 되었다.

오늘날 곤빌앤키스(Gonville and Caius) 칼리지는 그냥 키스(Caius) 칼리지라 불리기도 하는데, 그만큼 키스 박사의 공헌이 컸기 때문일 것이다. 칼리지 이름 중의 키스(Caius)는 그의 라틴어 이름이다[11]. 키스 박사는 16세기 중반, 유럽의 여러 곳을 여행하며 의학 교육의 명문이었던 이탈리아 퍼듀(Padua) 대학에서 공부했다. 그 후 런던으로 돌아와 에드워드 6세, 메리 튜더, 엘리자베스 1세의 건강을 돌보는 왕실 의사가 된 그는 영국에 실용적인 해부학을 도입하는 등 왕성한 활동을 하며 많은 부와 명성을 쌓았다.

자신이 다니던 곤빌홀이 어려운 상황에 처한 것을 알게 된 키스 박사는 재산을 기부하여 칼리지를 재건하고 직접 마스터가 되었다. 그 후 17세기 중반까지 곤빌앤키스 칼리지는 물리적, 인적으로 성장하며 의학계를 선도하였다. 하지만 카톨릭 신도였던 키스 박사는 대부분 개신교 신도였던 펠로우들과 갈등이 많았다고 한다. 어느 날에는 펠로우들이 키스 박사의 방에 있던 카톨릭 관련 물건들을 습격하는 사건이 벌어졌다. 그 사건이 있은 다음 해에 키스 박사는 칼리지 마

---

11 당시에는 칼리지 문서나 강의, 시험에 모두 라틴어가 쓰였다.

스터를 사임했고, 그 후 한 달도 안 되어 사망했다.

곤빌앤키스 칼리지에는 학생들이 나아가야 할 길을 상징하는 세 개의 문이 있다. 첫 번째 문은 '겸손(humility)의 문'이다. 입학생들이 통과하는 문으로 칼리지 정문에 있다. 겸손한 마음으로 학문을 시작해야 한다는 의미이다. 칼리지 정문 위에는 겸손을 뜻하는 라틴어가 쓰여 있다. 그런데 현재의 문은 진짜가 아니다. 원래 이곳에 있던 오리지날 겸손의 문은 '마스터의 정원(master's garden)'으로 옮겨져 특별한 경우가 아니면 들어갈 수 없다.

두 번째 문은 '진실(Virtue)'의 문이다. 칼리지 한가운데인 트리 코트(tree court)와 키스 코트(Caius Court) 사이에 있어 재학생들이 수시로 지나다니는 문이다. 학생들이 진실을 추구하면서 지식을 쌓아야 한다는 의미이다.

진실의 문이 있는 트리 코트

세 번째 문은 '영광(honor)'의 문이다. 키스 코트에 있는 이 문은 칼리지 졸업생들이 세닛 하우스로 영광의 학위를 받으러 나가는 곳이다. 영광의 문은 프랑스 개선문의 미니어처 같이 생겼다고 소개되기도 한다. 규모는 파리의 개선문에 비할 바가 아니지만, 모양은 닮은 데가 있는 것도 같았다. 아치를 받치고 있는 네 개의 기둥 위로 해시계가 있는 육각형의 돌이 놓여 있는 게 꽤 정교했다. 이 문들은 모두 키스 박사가 이탈리아 르네상스 양식을 반영하여 설계한 것이다.

영광의 문이 있는 키스 코트(Caius Court) 역시 키스 박사의 새로운 아이디어가 반영되었다. 당시, 대부분의 칼리지 코트가 사방을 폐쇄했던 것에서 벗어나 키스 박사는 이탈리아 양식의 삼면 코트를 만들었다. 코트의 한 면을 개방함으로써 공기 순환을 원활하게 하고 병균의 오염을 막기 위해서였다. 쓰레기와 분뇨로 거리와 하천이 오염되고, 각종 전염병이 기승을 부린 당시로는 꽤 획기적인 생각이었을 것이다. 이 아이디어는 그 후 케임브리지의 많은 칼리지에 적용되었다.

참, 겸손의 문, 진실의 문, 영광의 문 이외에 곤빌앤키스 칼리지에는 또 하나의 문이 있다는 소문이 있다. 바로 남성 화장실로 통하는 '필요의 문(Gate of Necessity)'이라나! 믿거나 말거나다.

곤빌앤키스 칼리지는 키스 박사 이후로 의학 분야에서 꾸준히 명성을 쌓았다. 키스 박사는 1557년 처음으로 인체를 해부하고 외과 수술을 가르쳤다. 세계 최초로 혈액순환을 규명한 윌리엄 하비(William Harvey)도 1600년대에 곤빌앤키스 칼리지를 졸업하였다. 그 후 하비는 이탈리아 퍼듀(Padua) 대학에서 공부하고, 런던에서 의사로 활동하면서 수많은 생물을 해부하고 인간과 동물의 혈액은 순환한다는 것을 발견했다. 1628년 하비는 『심장과 피의 운동(On the Motion of Heart and Blood)』이라는 책에서 혈액이 심장에서 나와 동맥을 통해 온몸을 순환한 후 정맥을 통해 다시 심장으로 들어간다

영광의 문이 있는 키스 코트

는 사실을 발표했다. 당시만 해도 정맥과 동맥은 별개의 시스템으로 순환하지 않는다는 생각이 지배적이었기에, 하비의 실험과 주장은 한동안 의학계에 많은 논란을 불러일으켰다.

1390년대에 완성된 후, 몇 차례 보수된 곤빌앤키스 칼리지의 채플은 소박한 중세의 분위기를 간직하고 있다. 오늘날 채플은 종교적 행사뿐 아니라 음악 콘서트나 칼리지의 주요 행사를 위해 사용된다. 채플 운영을 책임지는 사람을 딘(dean)이라고 하는데, 영국 국교인 성공회교의 신부만이 맡을 수 있다.

채플 입구에는 1, 2차 세계대전에서 목숨을 잃은 칼리지 사람들의 이름이 새겨져 있다. 비단 곤빌앤키스 칼리지뿐 아니라, 영국의 교회 대부분이나 성당, 채플에는 전쟁에서 목숨을 잃은 사람들의 이름이 새겨져 있다. 이는 매번 여러 상념을 불러일으키곤 했다.

영국에서는 매년 11월 11일 리멤버런스 데이(Rememberance day)를 전후해서 대대적인 추모행사가 열린다. 우리가 다녔던 영국 교회도 2백여 명의 전쟁 희생자들의 이름이 제각기 적혀 있는 십자가에 하나하나 양귀비꽃을 달면서 추모행사를 했다. 당신들을 절대 잊지 않겠다는 다짐과 함께 한명 한명 희생자들의 이름을 부를 땐 나도 모르게 울컥했다. 11월 11일 오전 11시에는 전 국민이 하던 일을 멈추고 2분간 묵념을 했다. 길을 걷다가도, 마트에서 장을 보다가도, 피트니스 센터에서 운동하다가도 멈췄다. 런던 타워 근처는 온통 세라믹 양귀비꽃으로 넘실거렸다. 왕족과 총리 등의 정치 지도자와 군

영국의 전쟁 희생자를 추모하는 모습

인들이 런던 거리에서 추모 행사를 하고 군복을 말끔히 차려입은 퇴역 군인들이 거리를 행진했다. 원래 리멤버런스 데이는 1차 세계대전의 종전을 기념하여 생겼는데, 그 후 2차 세계대전을 비롯한 모든 전쟁에서 희생된 사람들을 추모하는 날로 바뀌었다. 거의 한 달여 동안 거리와 방송을 도배했던 붉은 양귀비꽃과 기부함, 영국인들의 추모 열기를 느끼며, 비록 전쟁으로 스러졌지만 희생자들이 결코 억울하지 않겠다는 생각이 들었다. 전쟁의 옳고 그름과 정치적 이슈를 떠나 수십 년이 지나도 변치 않은, 그리고 앞으로도 영영 변치 않을 것 같은 영국인들의 의리와 뚝심, 고집이 부러웠다.

어느날 우리의 영국인 친구가 흥분하며 말했다. 곤빌앤키스 칼리지의 채플 안에 14세기 후반의 벽면을 볼 수 있는 힌지(hinge) 문이 있으니 찾아보라고. 우리는 잔뜩 기대하며 그 문을 찾으러 갔다. 대략적인 위치를 듣고 갔지만 찾기 어려웠다. 벽의 패널들은 다 비슷하게 생겼고, 혹시나 해서 잡아당겨 보면 역시나 열리지 않았다. 결국은 포기했다가 나중에 다시 찾았다. 이번엔 꼭 찾겠노라고 열심히 살피고 있는데, 채플을 청소하시던 아주머니께서 물었다. "내가 좀 도와줄까?" 우리가 힌지 문을 찾는다고 하자, 아주머니는 "아, 그거?" 하시면서 한쪽을 가리키셨다. 역시 곁에서 보기에는 전혀 구분이 안 되었다. 그런데 획 잡아당겨 보니 쑥 열리는 게 아닌가. 기대와는 달리 내부는 그냥 오랜 벽면이었다. 14세기에 만들어진 후 여태 보존되어 있다니 신기할 따름이었다.

우리가 요모조모 벽면을 살피고 있을 때, 친절하신 아주머니는 한 가지 더 알려줄까 하며 힌지 문의 맞은 편 계단 쪽을 가리키셨다. 그곳에는 "키스 박사의 유물이 이곳에 보관되어 있다. 키스 박사의 탄생 500주년을 기념하여 만들다."라고 쓰인 작은 명판이 계단 밑에 보일락 말락 붙어 있었다. 아주머니가 알려주지 않았다면 결코 보지 못했을 그런 위치였다. 순간, 이 사람들 참 대단하다는 생각이 다시 한 번 들었다. 수백 년이 지나도 설립자의 생일을 챙기는 영국인들의 의리와 애정이라니. 이게 역사와 문화의 힘인가, 다시 한 번 놀랐다.

스티븐 호킹에 관한 영화 『사랑에 관한 모든 것』을 보고 나니 자꾸 그 영상이 떠올랐다. 알고 보니 케임브리지에는 그의 흔적이 꽤 많이 남아 있었다. 케임브리지에 오래 사신 연로하신 분들은 젊은 시절의 호킹이 휠체어 바퀴를 돌리며 활기차게 거리를 다니던 모습을 아직 기억하고 있었다. 또, 그가 첫 부인 제인과 결혼해 살던 집도 리틀 세인트메리 교회의 맞은 편에 있었다. 호킹은 곤빌앤키스 칼리지에서 박사 학위를 받은 후 수학 교수를 역임했다. 1969년부터 30년 동안이나 루카스 석좌 교수[12]를 지낸 뒤, 2009년에 정년 퇴임한 그는 과학 대중서 『시간의 역사(A Brief History of Time)』로도 유명세를 탔다. 지난 겨울에는 그의 인생을 그린 자서전 『나의 역사(My Brief History)』가 새로이 출간되었다. 귀여운 어린 시절의 사진도 실린 이 책에서 호킹은 그 많은 인생의 바람과 굴곡을 그저 남의 얘기 하듯 담담히 그리고 있었다. 케임브리지 대학의 서쪽 캠퍼스로 가는 길에는 그의 이름을 딴 호킹 빌딩(Hawking building)이 있고, 근처 어딘가에 그가 아직 살고 있다고 한다.

스티븐 호킹 빌딩

---

12 루카스 석좌 교수직은 1663년 케임브리지 대학 의원인 헨리 루카스에 의해 만들어진 후, 아이작 뉴턴 등 당대 최고의 과학자들이 임명된 영예로운 자리이다.

마을 사람들이 세운 코퍼스 크리스티 칼리지

　　킹스 칼리지에서 트럼핑턴 스트리트를 따라 조금 걷다 보면 벽면에 걸려 있는 커다란 금빛 시계를 볼 수 있다. 케임브리지 명물 중의 하나인 이 시계의 주인이 바로 코퍼스 크리스티 칼리지(Corpus Christi College)이다. 중세의 칼리지들이 대부분 왕족이나 부유한 귀족들에 의해 설립되던 가운데 이 칼리지만 유일하게 마을 사람들에 의해 세워졌다.

　　중세 상업의 중심지 케임브리지에는 상인들의 이익을 도모하기 위한 길드(guild)가 서른 개 이상이나 있었다. 그중에서 코퍼스 크리스티(Corpus Christi)와 버진 메리(the Blessed Virgin Mary)라는 부유한 두 길드가 흑사병으로 부족해진 성직자들을 양성하기 위하여 1352년 새로운 칼리지를 만들었다. 문장(shield)과 정문 천장 등에 나타나 있는 펠리칸은 코퍼스 크리스티 칼리지의 상징이다. 펠리칸은 자식에

게 자신의 피와 살을 먹이며 희생하는 습성을 지녀 예로부터 그리스
도를 상징하였다.

　코퍼스 크리스티 칼리지는 1579년 전용 채플을 짓기 전까지 바로
옆에 있는 세인트 베넷 교회를 사용하여 베넷 칼리지라 불리기도 했
다. 코퍼스 크리스티 칼리지는 오랫동안 낡은 구식의 건물들을 유지
하였다. 칼리지의 외관이 너무 낡아서 1710년 한 서지학자가 가장
보기 흉한 칼리지 중의 하나라고 악평을 할 정도였다. 칼리지의 모습
이 근대적으로 바뀐 것은 19세기 초반 무렵에 뉴코트(New court)가
만들어지면서부터였다. 칼리지의 정문에 들어서자마자 펼쳐지는 초
록 잔디와 깔끔한 건물들이 뉴코트다. 런던의 내셔널 갤러리를 설계

코퍼스 크리스티 칼리지의 뉴코트(New Court)

케임브리지에 남아 있는 가장 오래된 올드 코트(Old Court)

한 윌리엄 윌킨스라는 건축가가 1825년에 설계하였다. 뉴코트를 돌아 칼리지의 안쪽으로 들어가면 올드 코트(Old Court)가 나타난다.

14세기에 지어진 올드 코트는 케임브리지에 남아 있는 가장 오래된 코트이다. 중세 케임브리지 지역의 건축재료였던 크런치(clunch)라는 경화 점토로 지어진 올드 코트는 너무 오래되어 금방이라도 무너질 것만 같다. 하지만 지금도 학생들의 숙소로 사용되고 있고, 내부에는 주방과 식당, 마스터와 펠로우 룸, 도서관 등도 갖추고 있다. 여러 차례의 보수를 거쳐 올드 코트의 내부는 현대화되었지만, 14세기에 만들어진 작은 창문만은 오늘날에도 그대로 남아 오랜 세월의 흔적을 말해 준다. 매년 올드 코트를 유지하기 위해 드는 비용도 만만치 않다고 한다. 관광객들이나 역사 연구가들이 일부러 찾아올 만큼 올드 코트는 코퍼스 크리스티 칼리지의 대표적인 명소가 되었지만, 실제 그곳에서 생활하는 학생들은 여러 가지로 불편함을 감수해야 할 것 같다.

코퍼스 크리스티 칼리지의 또 다른 명소는 영국에서 가장 중요한 중세의 책들과 사본들을 보관한 파커 도서관(Parker Library)이다. 마츄 파커(Mattew Parker)는 코퍼스 크리스티 칼리지에서 공부한 후 헨리 8세의 사제가 되었고 딸 엘리자베스 1세를 가르치기도 했다. 엘리자베스는 여왕이 되자마자 칼리지 마스터였던 파커를 최고의 권위인 캔터베리 대주교로 임명하였다. 문학을 좋아했던 마츄 파커는 성경을 영어로 번역하며 많은 책을 수집하였다. 엘리자베스 여왕은 파커에게 헨리 8세의 종교개혁으로 억압받던 수도원과 성당의 자료들을 수집할 수 있는 권한을 주었다. 파커는 영국 전역으로부터 많은 자료를 수집하였고, 이는 영국 최초의 고문서 컬렉션이 되었다. 대영도서관(British Library)이나 옥스퍼드 대학의 보들레안 도서관보다도 훨씬 더 이전의 일이었다.

파커 도서관에는 앵글로 색슨 연대기를 비롯한 초기 영국의 역사서, 연금술과 천문학 등의 학술서를 포함한 중세와 르네상스 시대의 고문서와 천여 권 이상의 책들이 소장되어 있다. 그중에는 597년 세인트 아우구스틴(St. Augustine)이 영국으로 가져온 캔터베리 가스펠

(Canterbury Gospels)도 있다. 이 책은 영국에서뿐 아니라 유럽에서도 가장 오래된 것으로, 지금도 새로 임명되는 캔터베리 대주교는 이 책 위에 손을 얹고 선서를 한다. 이러한 역사적 자료들은 파커의 노력과 열정 덕분에 수집된 것이었다. 끊임없는 호기심과 열정, 꼬치꼬치 캐묻는 성격 때문에 그에게는 '노우지 파커(Nosey Parker)'라는 별명까지 생겼다. 오늘날에도 영국에서는 질문이 많거나 참견 잘 하는 사람을 '노우지 파커(Nosey Parker)'라고 부른다.

우리는 케임브리지 대학을 개방하는 연중행사와 대학에서 마련한 워킹 투어를 통하여 파커 도서관을 둘러볼 수 있었다. 안으로 들어서자마자 아주 오래 묵은 듯한 책 냄새가 코를 자극했다. 그리 넓

파커 도서관

지 않은 도서관이지만 옛날 책들이 삼면으로 **빽빽**이 들어차 있는 가운데 일부 책들은 관람객들이 볼 수 있도록 펼쳐져 있었다. 인쇄술이 발달하지 않은 시절의 책들이라, 대부분 사람들이 직접 만든 것이다. 대량 복사가 불가능했던 시절, 사람들은 양의 가죽(lamb skin) 위에 하나하나 손으로 그림을 그리거나 글을 써서 책을 만들었다. 그런데 그림도 글씨도 마치 인쇄한 것처럼 정교해서 사람이 직접 손으로 작업했다는 게 믿어지지 않을 정도였다.

코퍼스 크리스티 칼리지에는 또 하나의 도서관이 있다. 바로 테일러 도서관(Taylor Library)이다. 파커 도서관이 책으로 가득 차 더 이상의 자료를 소장하기 어려워지자 새로 지은 현대식 도서관이다. 이 도서관의 한쪽 외벽을 장식하고 있는 것이 트럼핑턴 거리에서도 보이는 기이한 메뚜기 모양의 황금빛 시계이다. 이 시계는 예술과 공학이 결합된, 세상에서 가장 이상한 시계로 불리고 있다. 얼핏 보면 이게 정말 시계일까 하는 생각이 들기도 한다. 시곗 바늘도 숫자도 없기 때문이다. 게다가 시계 위쪽에 커다란 메뚜기 한 마리가 앉아 있는 기이한 형상이다. 이 시계를 발명하고 기증한 사람은 코퍼스 크리스티 칼리지의 존 테일러 박사(Dr. John Taylor)였다. 2008년 시계를 공개하는 행사 때에는 테일러 박사의 친구인 스티븐 호킹 박사가 참석하였다. 그 해 타임지는 베스트 발명품 중의 하나로 이 시계를 꼽았다.

메뚜기 시계가 어떻게 작동하는지 찬찬히 살펴보자. 중앙에 있는 원형의 물결은 우주의 시작을 알리는 빅뱅을 나타낸다. 시계 위쪽에 앉아 있는 커다란 메뚜기는 마치 시간을 잡아먹기라도 하는 듯 매초마다 앞뒤로 움직인다. '시간을 먹는 시계(Chronophage Clock)', 이것이 테일러 박사가 붙인 시계 이름이다. 'Chronophage'란 '시간을 먹는 자(time-eater)'라는 의미이다. 메뚜기의 작동 원리를 이용한 시계 메커니즘[13]을 최초로 고안한 사람은 18세기 영국의 시계학자 존 해리슨(John Harrison)이었다. 테일러 박사는 시계 안에 있던 메뚜기 메커니즘을 겉에서 보이도록 형상화했다. 이 시계에는 바늘이나 디지털 숫자가 없다. 그 대신 시계 주위를 도는 LED 푸른 불빛의 원형

테일러 박사가 발명한 시간을 먹는 시계(Chronophage Clock)

---

13 이를 메뚜기 탈진기 메커니즘(grasshopper escapement mechanism)이라 하는데 메뚜기의 다리 형상을 이용하여 시계의 톱니바퀴를 움직이게 하는 원리이다.

궤도가 시간을 나타낸다. 가장 바깥쪽의 원이 초를, 중간 원이 분을, 가장 안쪽의 원이 시간을 나타낸다. 매 정시를 알릴 때마다 푸른 불빛이 앞뒤로 밝고 빠르게 움직인다.

이 시계는 어느새 트럼핑턴 스트리트의 친숙한 랜드마크가 되었다. 오픈 케임브리지 행사 때, 코퍼스 크리스티 칼리지는 시계 안쪽을 개방하여 테일러 도서관 내부에 걸어 두었다. 많은 사람들이 복잡한 기계로 얽혀 있는 시계 내부를 구경하기 위해 모여들었다.

사실 테일러 박사는 유명한 발명가이다. 오늘날 우리가 편리하게 사용하는, 물이 끓으면 저절로 불이 꺼지는 전기 주전자의 자동온도 조절 스위치도 그의 작품이다. 이 스위치 발명으로 많은 돈을 번 테일러 박사는 250만 파운드(한화 약 44억 원)를 칼리지에 기증하여 새로운 도서관을 짓도록 했다. 그의 이름을 딴 테일러 도서관은 2008년부터 칼리지 재학생들에게 현대적인 넓은 공간을 제공하고 있다. 400개 이상의 특허를 보유한 테일러 박사는 아직 현역이다. 최근에는 메뚜기 대신에 용(dragon)을 넣은 시계를 발명하여 중국 상하이에서 공개했다. '나는 발명가다(I'm an inventor).'라는 문구로 시작하는 그의 홈페이지[14]에서 그는 자신을 스스로 '발명가, 과학자, 시계학자, 기업가, 예술가, 박애주의자'라고 소개하고 있다. 멋진 인생이 아닐 수 없다.

---

14 http://www.johnctaylor.com

죽기 전에 꼭 보아야 할 고딕 건축물, 킹스 칼리지

케임브리지에서 가장 유명한 칼리지는 아마 킹스 칼리지 (King's College)일 것이다. 킹스 칼리지가 위치한 '킹스 퍼레이드'라는 거리는 늘 많은 관광객들로 북적인다. 멀리 중국에서 수학여행을 온 학생들도 심심치 않게 볼 수 있다. 우리나라 학생들은 단체 여행보다는 가족 여행으로 많이 오는 것 같다. 킹스 퍼레이드의 도로변에 이어져 있는 콘크리트 벤치에는 잠시 쉬는 사람, 누군가를 기다리는 사람, 샌드위치로 점심을 먹는 사람들 등 각양각색의 사람들이 쭉 걸터앉아 있다.

하늘을 찌를 듯 뾰족한 첨탑들로 장식된 고딕 양식의 킹스 칼리지는 죽기 전에 꼭 보아야 할 전세계 천여 개 건물 중 하나로 손꼽힌다. 사방 어느 곳에서 보아도 감탄을 자아내는 거대하고도 아름다운

거리에서 보는 킹스 칼리지

건물, 현대 도시의 한복판에 당당히 서 있는 중세의 건물, 그것도 죽어 있는 박제가 아닌 똑똑한 수재들이 모이고 위대한 학자들을 양성하는 살아 숨 쉬는 건물이다. 칼리지 한편으로는 내부를 관람하려는 관광객들의 줄이 길게 늘어서 있다. 아마 케임브리지의 몇몇 칼리지들은 입장료만으로도 엄청난 수입을 얻고 있을 것이다. 어쩌면 이렇게 역사와 전통을 잘 활용할 수 있는지 부럽기만 하다.

　킹스 칼리지는 이름대로 왕이 세운 칼리지다. 최초로 킹스 칼리지의 설립 계획을 세운 사람은 헨리 6세였다. 그때가 1441년, 왕의 나이 겨우 19세였다. 당시 칼리지들이 그러하듯이 킹스 칼리지의 설립 목적도 국가와 교회에 필요한 성직자를 양성하기 위해서였다. 헨리 6세는 옥스포드와 케임브리지에 있던 어느 칼리지보다도 더 크고 아름다운 칼리지를 지을 생각으로 계획 단계부터 세심하게 관여했다. 당시 칼리지들은 대개 스무 명 안팎의 소규모로 구성되었으나 헨리 6세는 그보다 훨씬 많은 인원을 수용할 수 있는 대규모 칼리지를 지을 생각이었다.

헨리 6세는 킹스 칼리지와 함께 영국 최고의 사립명문 이튼(Eton) 스쿨도 설립하였다. 두 학교의 관계는 돈독하여 그 후 400여 년 동안 이튼 졸업생들은 시험도 없이 킹스 칼리지에 입학하고 학위를 받을 수 있었다. 킹스 칼리지의 교수들도 모두 이튼 출신이었다. 이튼 이외의 다른 사립 학교 출신들은 1870년대가 되어서야 킹스 칼리지에 입학할 수 있었다. 공립학교 출신들이 입학할 수 있게 된 것은 1960년대부터였다. 하지만 여성의 입학 허가는 칼리지 중 가장 먼저, 1973년에 이루어졌다.

헨리 6세는 정성을 기울여 킹스 칼리지를 설립하였으나, 정작 자신은 그 완성을 보지 못했다. 도중에 왕권을 둘러싸고 귀족 가문들 사이에 장미전쟁이 발발하였기 때문이다. 랭커스터 가와 요크 가 간의 오랜 전쟁과 정치적 격변 속에서 헨리 6세는 폐위되어 처형되었고, 킹스 칼리지의 건설도 한동안 중단되었다. 하지만 뒤를 이은 에드워드 4세, 리차드 3세, 헨리 7세와 8세가 칼리지 건설을 재개하여 1536년에 완성하였다. 칼리지 설립을 시작한 지 거의 백여 년의 세월이 지난 후였다.

킹스 칼리지 채플은 튜더 왕조의 힘을 나타내
도록 화려하게 꾸며졌다.

　에드워드 4세와 리차드 3세 시대에는 킹스 칼리지의 주요 구조물
들이 대부분 건설되었다. 리차드 3세가 보스워스 전쟁에서 헨리 튜
더에게 패배하면서, 마침내 장미전쟁이 끝나고 튜더 왕조의 시대가
열렸다. 헨리 7세는 1506년 케임브리지를 방문하였을 때, 헨리 6세
의 위대한 업적을 깨닫고 킹스 칼리지 건설을 재개하기로 하였다. 여
기에는 그의 어머니 마가렛 보퍼트의 적극적인 조언의 힘이 컸다.

　칼리지 구성원들이 매일 종교적 의식을 하는 채플은 칼리지의 힘
과 권위를 상징하는 곳이기도 했다. 킹스 칼리지 채플은 규모나 장식
면에서 칼리지를 넘어 왕권을 상징하는 곳이었다. 채플을 종교적 목
적으로만 생각했던 헨리 6세와는 달리, 헨리 7세와 8세는 튜더 왕조
의 힘과 권위를 나타내도록 화려하게 꾸몄다. 랭커스터 가의 붉은 장
미와 요크 가의 흰 장미가 결합된 튜더의 장미와 왕관, 용(dragon)[15],

15　영국 웨일즈 지방을 상징하는 것으로 튜더 왕조가 원래 웨일즈에서 왔음을 나타
　　낸다.

쇠창살처럼 생긴 포트컬리스(portcullis), 그레이하운드(greyhound) 등이 칼리지와 채플 곳곳에 새겨져 있다. 또, 존 왓셀(John Wastell) 이라는 당대 최고의 석공은 높이가 24미터나 되는 부채꼴 모양의 둥근 팬 볼트(fan vault) 천장을 1515년에 완성하였다. 채플의 길이는 88미터, 넓이는 12미터로 소규모 칼리지 공동체를 위한 공간이라고는 하기 어려울 만큼 크고 웅장하다.

마지막으로 헨리 8세는 오르간 스크린과 스테인드글라스 등 내부 장식을 꾸미며 오랜 과업을 완성하였다. 채플의 중간쯤에 있는 커다란 목조 스크린에는 꽃이나 야생동물 등이 새겨져 있다. 어두워서 잘 보이지 않지만, 스크린 위쪽에는 헨리 8세와 둘째 왕비 앤볼린(Anne Boleyn)의 이니셜인 H와 A도 새겨져 있다.

킹스 칼리지 채플의 팬 볼트(fan vault) 천장

킹스 칼리지 채플에서 무엇보다 눈길을 끄는 것은 스테인드글라스일 것이다. 헨리 8세는 채플의 기본 구조가 완성된 1515년부터 30여 년 동안 공들여 스테인드글라스를 만들었다. 창문 위쪽의 스테인드글라스는 구약성서, 아래쪽은 신약성서의 내용을 나타낸다. 오늘날까지 스테인드글라스는 여러 차례 위기를 넘기면서 기적적으로 보전되었다. 채플이 병영과 마구간으로 사용되었던 시민전쟁 시절에는 올리버 크롬웰의 심복에게 돈을 줘 가까스로 위기를 모면했다고 한다. 2차 세계대전 때는 동쪽 스테인드글라스를 제외한 모든 창문을 떼어내 안전한 곳에 숨겨 둠으로써 폭격을 피했다.

채플의 제단이 놓여 있는 앞쪽 벽면에는 17세기의 유명한 플랑드르 화가 루벤스가 그린 「동방박사의 경배(Adoration of the Magi)」라는 그림이 걸려 있다. 1968년 경매에서 27만 5천 파운드(한화 약 4억 7천만 원)라는 최고가를 기록하며 그림을 사들인 한 부자가 칼리지에 기부한 것이다[16]. 이 그림을 걸기 위해 제단 아래쪽 바닥 높이를 낮추는 공사도 해야 했다.

루벤스의 그림 오른편에는 「모든 영혼들을 위한 채플(the Chapel of All Souls)」이라는 작은 방이 있다. 1, 2차 세계대전에서 목숨을 잃은 칼리지 사람들을 추모하는 곳이다. 벽면에는 전쟁에서 희생된 사람들의 이름이 알파벳순으로 적혀 있다. 그중에는 킹스 칼리지의 펠로우이자 시인이었던 '루퍼트 브루크(Rupert Brooke)'라는 이름도 있다. 27세의 젊은 장교였던 그는 잘생긴 외모와 낭만적인 시로 유명했으

---

16 한편에서는 경매로 사들인 그림을 채플에 걸어도 되는지에 대한 논쟁도 있었다고 한다.

튜더 왕조의 상징들

제단화로 걸려 있는 루벤스의 그림

나, 전쟁터에서 짧은 생을 마감했다. 그에 대한 자세한 내용은 3부의 그란체스터 이야기에서 풀어놓았다.

채플의 북쪽 벽에 있는 전시장은 꼭 한번 둘러볼 만하다. 킹스 칼리지가 지어질 무렵 장미전쟁으로 얽힌 복잡한 영국 왕들의 계보도 그려져 있으니, 헷갈리는 왕들 간의 관계를 한번 정리해 볼 수도 있다. 1445년 헨리 6세가 처음 킹스 칼리지를 계획할 무렵의 케임브리지 지도도 볼 수 있다. 또, 채플의 아치형 둥근 천장을 만든 기술과 스테인드글라스 작업, 조각 등에 대한 설명도 있다.

매년 5만 명 이상의 사람들이 방문하는 킹스 칼리지 채플은 세계에서 가장 아름다운 고딕 건축물의 하나로 평가되고 있다. 그런데 빛이 있으면 어둠이 있는 법, 이렇게 크고 아름다운 채플과 칼리지의 설립 한편으로는 마을 사람들의 희생이 있었다. 킹스 칼리지를 짓기 위해 케임 강가에 즐비하던 많은 상점과 부두, 집들이 부서지고 마을 사람들은 강제 이주를 당하였다. 그 규모가 당시 마을 면적의 4분의 1 정도에 이르러 케임브리지의 공간 구조가 바뀌었을 정도였다니, 마을 사람들의 원망과 분노도 대단했을 것이다.

여러 유명 인사들이 킹스 칼리지를 거쳐 갔다. 영국 최초의 수상 로버트 월폴(Robert Walpole)은 17세기 말에 킹스 칼리지를 다녔다. 20세기 초에는 세계적인 경제학자 존 메이너드 케인스, 전설의 시인 루퍼트 브루크, 소설가 포스터(E.M.Foster) 등이 칼리지의 명성을 높였다. 영화 『이미테이션 게임』으로도 잘 알려진 천재 수학자 알랑 튜링(Alan Turing)도 킹스 칼리지 출신이었다. 그는 2차 세계대전 동안에 독일군의 암호를 해독하는 기계를 발명하여 전쟁을 일찍 종식시키고 인공지능 연구의 기초를 마련했다. 하지만 동성애자라는 이유로 화학적 거세를 당하는 등 수모를 겪다가, 결국 자살로 생을 마감했다. 킹스 칼리지 정문 입구의 왼쪽 건물 앞에는 수학자이자 컴퓨터 창시자, 그리고 암호 해독자로서의 알란 튜링을 기리는 푸른 명판이 걸려 있다.

킹스 칼리지 채플에서는 지금도 매일 예배가 이루어진다. 특히, 킹스 칼리지의 크리스마스 이브 예배인 'Festival of Nine Lessons and Carol'에서 울려 퍼지는 합창은 1918년부터 BBC 방송을 통해 생중계되고 있다. 합창단의 구성원 중 절반은 대학생이고, 절반은 칼리지 부속 학교(Choir School)에서 선발된 십대 소년들이다. 우리도 그 합창을 꼭 한번 직접 듣고 싶었다. 그런데 크리스마스 이브 송(eve song)을 듣기 위해서는 아침 9시부터 오후 3시까지 줄을 서서 기다려야 하는데, 그래도 볼 수 없을지도 모른다고 들었다. 그래서 깨끗이 단념했다. 그리고는 지인의 추천대로 평상시에 하는 이브 송(evensong)을 들어보기로 했다.

어둠이 일찍 시작되는 11월의 어느 일요일 오후, 우리는 킹스 칼리지의 이브 송(evensong)을 듣기 위해 채플에 갔다. 특별한 이벤트가 있는 날이 아닌데도 시작 전부터 이미 긴 줄이 늘어서 있었다. 우리처럼 호기심에 구경하러 오거나 관광객인 듯한 사람들도 많았다. 줄을 서서 기다리는 동안, 분수대 위에 있는 헨리 6세의 동상과 주변 건물들을 다시 한 번 천천히 둘러보았다. 킹스 칼리지의 건설 도중 스러져 간 헨리 6세, 그가 런던 타워에서 처형당한 1471년부터 칼리지는 매년 기일마다 장미 한 다발을 런던 타워에 보내며 감사와 추모의 마음을 전하고 있다. 수백 년 동안이나 이어지는 그 마음이 참으로 각별하게 느껴지지 않을 수 없다.

이런저런 생각을 하는 사이에 드디어 채플 안에 입장할 순서가 되었다. 내부는 몹시 어두웠다. 갑자기 현대에서 중세로 넘어온 듯했다. 입구에서 나누어 주는 인쇄물을 손에 든 채 좌석으로 안내되었다. 채플 중앙 쪽에 있는 합창단을 가까이서 보고 싶었으나, 우리는 그곳을 훨씬 지나 안쪽으로 가야 했다. 좌석에 앉으니 합창단은 거의 보이지 않았고, 그들의 흰 가운 자락만 보일락 말락 했다. 게다가 너무 어두워 인쇄물의 글씨도 잘 보이지 않았다. 합창과 기도를 반복하는 예배가 진행되는 동안에는 계속 앉았다 일어섰다를 반복해야 했다. 지루함과 답답함에 조금의 후회가 밀려오기도 했다. 하지만 오르간 연주와 함께 합창을 듣는 순간 모든 불편한 마음이 싹 가시고, 맑고 청아하면서도 깊고 장중한 합창 소리에 빠져들었다. 순간, '아, 신에게 바치는 노래라는 게 이런 거구나.'하는 생각마저 들었다. 어느덧 한 시간 가량, 예배가 모두 끝나 밖으로 나왔다. 아직 4시 반이었지만 겨울철의 짧은 해는 이미 지고 어둠이 깔려 있었다. 크리스마스를 앞둔 거리는 소박하면서도 아름다운 조명들로 반짝거렸다.

헨리 6세의 동상이 있는 킹스 칼리지 코트

여왕들이 세운 퀸스 칼리지와 수학의 다리

아포스트로피의 위치가 나타내듯이, 퀸스 칼리지(Queens' College)는 두 명의 여왕들에 의해 설립되었다. 원래 퀸스 칼리지는 세인트 보톨프(St. Botolph)라는 지역 교회의 목사가 설립한 작고 가난한 칼리지였다. 이 교회는 오늘날 퀸스 칼리지로 들어가는 실버 스트리트의 맞은 편에 있다. 지금은 시내 한 중심에 위치하지만, 중세에는 마을 입구에 해당하여 주로 여행객들의 출발과 무사 귀환을 기도하는 장소였다. 교회 목사가 칼리지의 재정난을 해결하기 위해 여왕들의 지원을 얻으려 노력한 끝에 헨리 6세의 아내 마가렛 앙쥬 여왕이 나서기로 하였다. 18세의 마거릿 앙쥬(Margaret Anjou) 여왕이 칼리지를 재정비하기 위해 첫 돌을 놓은 것이 1448년이었다. 하지만 그 후, 헨리 6세가 장미전쟁 속에서 왕좌를 내놓게 되자 뒤를 이은 에드워드 4세의 아내인 엘리자베스 우드빌(Elizabeth Woodville)

여왕이 칼리지의 설립을 이어 갔다.

　퀸스 칼리지는 작고 아담한 게 어쩐지, 여왕의 우아함과 고상함이 느껴지는 듯한 곳이다. 세인트 존스 칼리지와 함께 붉은 벽돌이 인상적인 퀸스 칼리지는 영국 중세의 베스트 벽돌 건축물 중의 하나이다. 당시 케임브리지에는 이용할 수 있는 건축재료가 별로 없었기 때문에, 많은 칼리지들이 쓸모 없어진 케임브리지 성의 돌을 가져다 쓰거나 먼 곳으로부터 대리석을 조달했다. 퀸스 칼리지에 이용된 벽돌은 벽돌 산업이 앞서 가던 유럽에서 수입된 것이라고 한다.

　퀸스 칼리지의 퍼스트 코트(First Court), 또는 올드 코트(Old Court)라 불리는 곳은 케임브리지 대학의 작은 코트 중에서 가장 아름다운 곳으로 손꼽힌다. 주방과 식당, 도서관, 채플, 회의실 등 칼리지의 요소들이 사각의 안뜰 주변으로 배치되었다. 아름다운 붉은 벽돌 건물로 둘러싸인 이 코트는 전형적인 중세 칼리지의 모습을 보여주는데, 15세기에 지어진 후 거의 손대지 않은 채 오늘날까지 보전되고 있다. 코트의 북쪽 벽면에는 17세기 중반에 만들어진 해시계(sundial)가 있다.

　네덜란드의 신학자 에라스무스(Erasmus)는 1511년에서 1513년까지 퀸스 칼리지의 방문 교수로서 올드 코트의 한 방에 머물렀다. 그는 케임브리지 대학의 총장이자 퀸스 칼리지의 프레지던트(president)[17]였던 존 피셔(John Fisher)의 초청으로 대학에서 고대 그리스어를 가르치며 새로운 르네상스 사상을 불어넣었다. 당시 에라스

17　퀸스 칼리지에서는 칼리지 최고 수장을 마스터 대신 프레지던트(president)라 부른다.

퀸스 칼리지의 올드 코트

무스가 집필한 저서 『우신예찬』은 로마 카톨릭 교회의 부패와 타락을 비판함으로써 종교개혁 운동에 많은 영향을 미쳤다.

에라스무스가 케임브리지에 머무는 동안 친구에게 보낸 편지를 보면, 그는 케임브리지 생활을 그다지 좋아하지 않았던 것 같다. 편지에서 케임브리지는 아주 더럽고 전염병이 많으며 겨울이 지독히 추운 곳으로 묘사되었다. 에라스무스는 케임브리지의 맥주와 와인이 맛이 없다며 친구에게 와인을 보내달라고까지 했다. 그가 머물던 퀸스 칼리지의 올드 코트(Old Court) 남서쪽의 타워는 에라스무스 타워로 불리운다.

프레지던트의 방

올드 코트는 목조와 석고 갤러리를 통해 칼리지의 수장인 프레지 던트의 방(President's Lodge)으로 연결된다. 중세의 긴 회랑으로 둘러싸인 코트를 지나 케임 강 쪽으로 나아가면 수학의 다리를 볼 수 있다. 수학의 다리는 퀸스 칼리지의 오래된 건물과 케임 강 건너편의 현대 건물을 연결한다. 수학의 다리가 유명해진 것은 아이작 뉴턴에 의해 못이나 너트 없이 설계되었다는 근거 없는 소문 때문이었다.

수학의 다리는 최초로 1749년 윌리엄 에서리지(William Etheridge)와 제임스 에세스(James Essex)에 의해 만들어진 후, 두 차례 다시 지어졌다. 현재의 다리는 1905년에 만들어진 것이다. 소문과는 달리, 다리를 살펴보면 목조 다리의 연결 부위에 못과 너트를 여러 차

수학의 다리

례 사용했음을 알 수 있다. 수학의 다리라는 이름이 붙여진 것은 목재들을 절묘하게 연결한 기하학적인 다리 모양에서 비롯된 것이지 뉴턴과는 무관하다. 사실 이 다리가 처음 만들어졌을 때 뉴턴은 이미 이십여 년 전에 사망한 상태였다.

수학의 다리에서 바라본 케임 강

노벨상 수상자가 가장 많은 트리니티 칼리지

제각기 별도의 살림살이를 하는 케임브리지의 서른한 개 칼리지 중에서 가장 부자인 곳은 어디일까? 또, 과학적 업적의 상징이기도 한 노벨상을 가장 많이 배출한 곳은 어디일까? 유일하게 칼리지 마스터를 왕실이 임명하는 등 오늘날까지 왕실과 돈독한 관계를 유지하는 곳은 어디일까? 정답은 모두 트리니티 칼리지이다. 트리니티 칼리지(Trinity College)는 옥스퍼드와 케임브리지 대학을 통틀어 가장 크고 부유한 곳이다. 학생도 천여 명에 이르고 교수는 이백여 명이나 된다. 천차만별인 칼리지 간의 부를 재분배하기 위한 펀드에 가장 많은 금액을 내는 곳도 트리니티 칼리지이다.

트리니티 칼리지는 강력한 튜더의 왕 헨리 8세에 의해 1546년에 설립되었다. 헨리 8세는 자신의 이혼을 계기로 로마 교회청에 반하는 성공회를 세우고, 종교개혁을 위해 영국 전역에 있는 수도원의 자산을 몰수하였다. 그리고 새로운 종교 지도자를 양성하기 위해 트리니티 칼리지를 설립하였는데, 이때 28개나 되는 수도원의 자산이 흡수되었다. 또, 기존에 있던 칼리지 킹스홀(King's Hall)과 마이클하우스(Michaelhouse), 그리고 주변의 일곱 개 호스텔까지 트리니티 칼리지에 통합되었으니, 이쯤 되면 태생부터 부자였다고 할 수 있다. 메리 여왕과 엘리자베스 1세 여왕 시대에 트리니티 칼리지는 더욱 확장되었고, 특히 16세기 후반, 마스터 토마스 네빌(Thomas Nevile)에 의해 그레이트 코트(Great Court)가 만들어지는 등 오늘날과 같은 모습을 갖추었다.

곤빌앤키스 칼리지와 세인트존스 칼리지 사이에 사과나무 한 그루가 서 있는 곳이 바로 트리니티 칼리지의 정문이다. 트리니티 칼리지는 정문부터 흥미롭다. 왕의 권위를 나타내는 봉 대신에, 의자 다리를 들고 있는 헨리 8세의 동상에 대해서는 이미 앞에서 설명했다[18].

의자 다리를 들고 있는 헨리 8세의 동상과 에드워드 3세 왕의 여섯 아들의 문장

18 1부의 '야간 통행금지와 나이트 클라이밍' 중에서 설명

그리고 그 동상 아래를 보라. 가문을 상징하는 여섯 개의 문장들이 나란히 걸려 있다. 그런데 다섯 개의 문장에는 연도와 이름을 나타 내는 듯한 라틴어와 그림이 있는데, 유독 하나의 문장만 텅 비어 있 었다. 왜 그런지 궁금증이 생겼다. 용기를 내어 정문을 지키는 포터 에게 물으니 친절하게 설명해 주었다. 이 문장들은 제각기 1337년 킹스홀을 설립했던 에드워드 3세 왕의 여섯 아들의 것인데, 그중 월 리엄이라는 아이가 너무 어린 나이에 죽어 문장이 텅 비었다는 슬픈 이야기였다.

정문을 들어서기 전에 잠시 오른편으로 눈길을 돌리면 나무 한 그 루를 볼 수 있다. 뉴턴이 중력 법칙을 발견했다는 사과나무다. 17세

뉴턴의 사과나무. 뉴턴이 중력 법칙을 발견한 고향 집 사과나무 중 하나를 옮겨 심은 것이다.

기에 트리니티 칼리지를 다녔던 뉴턴은 바로 이 사과나무 앞의 방에 기거했다. 사과나무가 있는 곳은 원래 교수 시절 뉴턴의 개인 정원이 었다. 그런데 실제 뉴턴이 이곳에서 중력의 법칙을 발견했던 것은 아니다. 당시 케임브리지에는 흑사병이 매우 심각하여 칼리지도 2년 동안이나 문을 닫아, 뉴턴은 고향인 링컨셰어(Lincolnshire)로 돌아갔다. 뉴턴이 중력의 법칙을 발견한 것은 플라워 오브 켄트(Flower of Kent)라는 품종의, 고향 집 사과나무 아래에서였다. 현재 트리니티 칼리지의 정문 옆에 있는 사과나무는 뉴턴의 고향 집에 있던 나무 중 하나를 1954년에 옮겨심은 것이다. 평범한 생김새와는 달리 사과 나무의 의미가 각별하기 때문일까, 다들 그 앞에서 사진을 찍느라 바쁘다.

정문을 통해 칼리지 안에 들어오면 넓디넓은 잔디 정원이 펼쳐지는데 이게 바로 그레이트 코트(Great Court)다. 16세기 말, 엘리자베스 1세 여왕이 마스터로 임명한 토마스 네빌이 만든 코트로 케임브리지와 옥스퍼드 칼리지를 통틀어 가장 크다고 한다. 혹자는 유럽에서도 가장 큰 코트라고 하는데, 사실인지는 모르겠다. 코트 한가운데에는 오래된 분수대가 하나 있다. 지금은 물이 말랐지만, 얼마 전까지만 해도 1마일 이상 떨어진 샘으로부터 14세기에 설치된 수도원 관을 통해 물이 공급되었다고 한다. 시인 바이런이 목욕하고 그 위에 오르기도 했다는 이야기가 전해진다.

그레이트 코트 달리기는 트리니티 칼리지의 오랜 전통이다.

혹시 영화 『불의 전차』를 보았다면 '그레이트 코트 달리기(Great Court Run)'를 기억할지도 모르겠다. 트리니티 칼리지에는 시계가 밤 12시를 치는 동안에 그레이트 코트 주변을 달리는 전통이 있다. 주로 신입생 입학을 기념하는 저녁 연회가 끝난 후 이브닝드레스를 입은 채로 달렸다.

그런데 시계가 밤 12시를 치는데 걸리는 시간과 코트의 주변 길이가 오랫동안 논란거리였다. 트리니티의 시계는 매시간을 두 번씩, 처음에는 낮은 톤으로 다음에는 높은 톤으로 종을 친다. 그런데 문제는 바람의 상태 등에 따라 종을 치는 데 걸리는 시간이 조금씩 달라진다는 점이다. 또, 코트 주변의 길이도 자갈을 밟는지, 시작점을 어디로 하는지 등에 따라 조금씩 달라진다. 이로 인해 달리기의 성공 여부를 판정하는데, 종종 논란이 있었다. 여하튼 트리니티 칼리지의 홈페이지는 밤 12시를 치는 데 걸리는 시간이 대략 43초에서 44.5초이고, 코트의 주변 길이는 약 370미터라고 소개하고 있다.

처음으로 그레이트 코트 달리기에 성공한 사람은, 1927년 케임브리지의 모들린 칼리지에 다니던 데이빗 버흘리(David Burghley)였다. 그는 1928년 암스테르담 올림픽에서 금메달을 딴 장애물 경주 선수였다. 우리나라에도 잘 알려진 영화 『불의 전차』는 그 이야기를 담고 있다. 영화는 1981년 오스카상을 수상할 정도로 성공했지만, 내용 자체는 사실 그대로를 보여주지 않았다. 영화에서는 곤빌앤키스 칼리지에 다니던 해롤드 아브라함(Harold Abraham)이 버흘리를 이기는 것으로 나왔는데, 실제로는 그런 적이 없다고 한다. 사실 버흘리는 트리니티 칼리지의 학생이 아니었기 때문에 한밤중이 아닌 낮 12시에 혼자 도전했다. 성공 시기도 영화처럼 1924년 파리올림픽 직전이 아닌 1927년이었다.

버흘리는 사실과 다른 묘사 때문에 영화에서 자신의 이름이 사용되는 것을 허락하지 않았다. 트리니티 칼리지도 영화 촬영에 협조하지 않아, 실제 이 영화는 트리니티가 아닌 이튼 칼리지(Eton College)에서 촬영되었다고 한다. 어쩐지 영화 속의 칼리지 모습이 좀 낯설어 보였다. 아무튼, 이 영화를 통하여 그레이트 코트의 달리기 이야기가 널리 알려졌다.

1988년에는 올림픽 선수인 세바스찬 코(Sebastian Coe)와 스티브 크램(Steve Cram)이 자선 경기를 하였으나 각각 46초, 46.3초를 기록하여 성공하지는 못했다. 이 달리기 전통은 오늘날에도 매년 이루어진다. 단 오늘날에는 저녁 연회 이후가 아닌 한낮에 달린다. 2007년에는 샘 도빈(Sam Dobin)이라는 트리니티 칼리지의 경제학과 2학년생이 42.77초를 기록하여 성공하였다. 하지만 그가 코스를 약간 벗어나 자갈을 밟았다는 사실이 나중에 알려지면서 성공 여부에 대한 논란이 있었다.

그레이트 코트 달리기에서 시간을 알리는 시계탑은 트리니티 칼리지에서 가장 오래된 건물 중의 하나로 킹스홀을 설립한 국왕 에드워드 3세에 의해 14세기 초반에 만들어졌다. 시계탑은 예전에 킹스홀로 들어가던 문이었기 때문에 에드워드 왕 게이트라고도 불렸다. 그레이트 코트를 만들기 위해 기존의 많은 건물들이 헐렸으나, 이 시계

트리니티 칼리지의 시계탑

탑만은 조금 뒤로 옮겨진 채 오늘날까지 보전되고 있다[19].

트리니티 칼리지의 채플은 메리 여왕 때 시작되어 엘리자베스 여왕 때에 완성되었다. 채플 안에는 트리니티에서 공부했던 뉴턴과 베이컨, 윌리엄 워웰(Wiliam Whewell) 등 저명한 졸업생들의 동상이 쭉 늘어서 있다. 버트란드 러셀과 루드비히 비트겐슈타인과 같은 현대의 인물들은 벽면의 동판에서 볼 수 있다. 윌리엄 워웰 박사는 1841년부터 1866년까지 마스터를 역임하며 트리니티 칼리지를 물리적으로 확장하는 데 일

트리니티 칼리지 채플에 있는 뉴턴의 동상

조했던 인물이다. 그의 동상 옆에 있는 시인 테니슨(A.Tennyson)은 웨웰 박사를 '사자 같은 사람'이라고 비유했다. 실제 그는 강인한 성격과 뛰어난 지성을 지녀, 어떠한 경우에도 재치 있게 대답을 잘하는 것으로 유명했다.

채플을 나와 엘리자베스 1세 여왕의 동상이 서 있는 퀸스 게이트로 나오면 케임 강변의 네빌 코트로 연결된다. 칼리지 마스터였던 토마스 네빌이 자신의 개인 비용으로 만든 곳이다. 곰을 애완용으로

---

19 오늘날까지 시계의 위치와 모양이 몇 차례 바뀌었다. 현재의 시계는 1910년에 교체된 것으로 추 길이가 거의 2미터나 되고 1년 동안 1초도 틀리지 않을 정도로 시간이 정확하다고 한다.

데리고 다니며 그레이트 코트의 분수대에서 목욕을 하는 등 괴짜 행동을 일삼던 시인 바이런은 이 코트의 한쪽 방에서 살았다.

네빌 코트의 한편에는 크리스토퍼 렌이 설계한 렌 라이브러리(Wren Library)가 있다. 렌 라이브러리는 평일 낮 12시에서 오후 2시 사이에만 개방한다. 렌 라이브러리를 향해 칼리지 뒤편의 아름다운 강가를 걷노라면 도서관 지붕 위에 뾰족이 서 있는 네 개의 조각상을 볼 수 있다. 각각 대학의 주요 학문 분야였던 신학과 법, 의학, 예술을 나타내는 것이라 한다.

렌 라이브러리는 일련의 기둥들이 건물 전체를 받치고 있어 일 층이 다른 건물들보다 높게 설계되었다. 정교한 고전적인 비율을 고수하면서 바닥을 깊게 파고 창문을 높여 공간감과 함께 채광 효과를 극대화하였다. 도서관 내부의 책꽂이와 탁자, 의자 등의 가구도 렌이 설계하였다. 한쪽에는 뉴턴을 비롯한 위대한 인물들의 대리석 흉상들이 서 있다. 그중에는 시인 바이런의 전신 조각상도 있다. 이는 원래 바이런의 사후에 친구가 웨스트민스터 사원에 보내려고 만든 것이었다. 하지만 사원 측에서 학생 시절 바이런의 기이한 행동들을 문제 삼아 거절하는 바람에 이곳에 놓이게 되었다. 렌 라이브러리에는 고문서를 포함한 9만여 점의 서적이 보관되어 있다. 가장 오래된 것이 8세기 복사본인 『바울의 서간』이다. 그리고 셰익스피어의 초기작들, 뉴턴의 저서와 바이런이 쓴 편지들도 있다.

케임브리지에 입학한 학생 중에서도 똑똑한 재능을 지닌 학생들은 주로 트리니티 칼리지에서 공부했다. 지금도 트리니티 칼리지에는 영국 전역에서 수재들이 모여든다. 졸업생들도 화려한 면면으로 유명하다. 노벨상 수상자도 1901년 이후 서른두 명이나 배출되어 칼리지 중에서 가장 많다. 또, 많은 국회의원들과 여섯 명의 영국 수상을 배출했다. 찰스 황태자도 1960년대에 트리니티 칼리지를 다녔다. 또, 우리에게도 잘 알려진 철학자 프랜시스 베이컨, 철학자 버트란트 러셀, 과학자 뉴턴과 러더퍼드 등도 이곳 출신이라니 화려하기 그지없다.

트리니티 졸업생들의 동상으로 둘러싸인 앤티채플 (antechapel)

한숨의 다리가 있는 세인트 존스 칼리지

트리니티 칼리지를 동쪽으로 조금 지나면 붉은 벽돌로 지어진 세인트 존스 칼리지가 나타난다. 거리 이름도 트리니티 스트리트에서 세인트 존스 스트리트로 바뀐다. 정문에서 보면 잘 모르지만, 세인트 존스 칼리지는 물리적 규모가 가장 큰 칼리지이다. 학생 수만 8백여 명이 넘고, 전체 자산은 트리니티 칼리지에 이어 두 번째다.

세인트 존스 칼리지가 위치한 곳에는 원래 12세기부터 세인트 존 (St. John the Evangelist)이라는 병원이 운영되고 있었다. 오늘날과 같이 의사가 있는 병원이라기보다는 간호 기술을 지닌 수녀나 수도사들이 병자와 가난한 자들을 돌보는 시설이었다. 이 병원을 개조하여 1511년 칼리지를 세운 사람은 헨리 7세의 어머니이자 헨리 8세의 할머니인 레이디 마거릿 보퍼트(Lady Margaret Beaufort)였다.

거리에서 바라본 세인트 존스 칼리지

마거릿 보퍼트는 네 번이나 결혼한 부유한 미망인이었다. 파란만장한 그녀의 인생은 한 살 때 아버지의 사망으로 막대한 유산을 상속받으면서 시작되었다. 어머니는 재혼하고 마거릿은 일곱 살 때에 후견인의 아들과 결혼했지만, 헨리 6세에 의해 무효화 되었다. 헨리 6세는 자신이 아끼던, 씨가 다른 동생 에드먼드 튜더를 부유한 상속녀인 마거릿과 결혼시키고 왕위를 물려주려 했다. 하지만 장미전쟁 동안 에드먼드 튜더는 흑사병에 걸려 결혼 1년 만에 숨졌고, 임신 중이었던 13세의 마거릿 보퍼트는 훗날 튜더 왕조를 여는 헨리 7세를 낳았다. 이후 마거릿은 두 번이나 더 결혼하였으나 아이를 낳지는 않았다. 왕이 되도록 헌신적으로 뒷바라지했던 헨리 7세가 1509년에 사망하자 마거릿은 깊은 슬픔에 빠졌으며 아들의 장례식과 손주 헨리 8세의 대관식을 치른 후 4일 만에 사망했다.

세인트 존스 칼리지 채플에 걸려 있는 마거릿 보퍼트의 초상화

마거릿은 세 번째 남편이 세상을 떠난 후부터 수녀복을 입고 독실한 신앙생활을 하며 신학 교육과 연구에 정열을 쏟았다. 그녀는 생전

에 케임브리지에 크리스트 칼리지를 설립하였고, 세인트 존스 칼리지를 설립하기 위한 재산과 유언을 남겼다. 마거릿의 유언을 실행하여 칼리지 설립을 주도한 사람은 그녀의 친구이자 고해 신부였던 존 피셔(John Fisher)였다. 존 피셔는 로체스터(Rochester) 지방의 대주교이자 케임브리지 대학의 총장으로서 상당한 영향력을 행사하던 인물이었다. 존 피셔 덕분에 세인트 존스 칼리지는 설립 이후 신학과 고전 등 학문의 중심으로 순조롭게 성장하였다.

세인트 존스 칼리지의 정문

붉은 벽돌이 인상적인 세인트 존스 칼리지의 정문 위에는 마거릿 보퍼트의 가문을 상징하는 문장이 있다. 사자와 백합이 조각된 문장과 왕관을 두 마리의 동물이 양쪽에서 받치고 있다. 'yales'이라 불리는, 이 신화적 동물은 뿔을 지닌 염소의 머리와 산양의 몸, 코끼리의 꼬리를 지니고 있다. 이 동물은 마거릿이 소유한 많은 토지 중의 하나인 켄달(Kendal) 지방 영주권의 상징이다. 그 옆에 쇠창살 또는 와플 모양처럼 생긴 포트컬리스(portcullis)도 튜더 집안의 상징이다.

수백 년의 세월이 녹아 있는 묵직한 나무문을 지나면 퍼스트 코트가 나온다. 세인트 존스 칼리지에는 코트(Court)가 네 개 있다. 학생 수가 늘어남에 따라 점차적으로 확장한 것이다. 코트 이름도 단순하다. 퍼스트(First), 세컨드(Second), 써드(Third) 코트, 그리고 가장 최근에 지어진 뉴 코트(New Court)이다.

1510년 칼리지의 설립 초부터 만들어진 퍼스트 코트는 학생들의 주거 공간과 채플, 도서관, 홀, 주방 등 자급적인 공동체 생활을 유지하는 데 필요한 요소들을 갖추고 있다. 퍼스트 코트의 한편에는 19세기 중반에 지어진 채플이 있다. 채플은 유명 건축가 조지 길버트 스콧(George Gilbert Scott)에 의해 고딕 양식으로 지어졌다. 채플 정문에는 수녀복을 입은 채로 웬 남자 위에 올라서 있는 마거릿 보퍼트의 동상이 있다. 남편이 계속 죽어 수녀 복장이고 여성을 무시하지 말라고 남자를 밟고 있는 거라 한다. 실제로도 마거릿 보퍼트는 남편에 의존하지 않고 매우 독립적으로 활동하던 여성이었다. 채플 내부에는 19세기에 만들어진 스테인드글라스가 있는데, 천국과 지옥, 최후의 심판과 같이 주로 그리스도의 삶을 보여주는 장면들을 담고 있다. 채플 입구 쪽에는 영국의 노예 해방 운동에 앞장섰던 윌리엄 윌보포스(William Wilberforce)와 토마스 클락슨(Thomas Clarkson)의 동상도 있다.

칼리지의 규모가 커지면서 1598년에 세컨드 코트가, 1669년에 써드 코트가 지어졌다. 붉은 벽돌 건물로 지어진 두 코트를 돌아나오면 케임 강이 보이며 시야가 확 트인다. 1820년대까지만 해도 세인트 존스 칼리지의 경계선은 케임 강이었다. 하지만 점차 늘어나는 학생들을 수용하기 위하여 케임 강 너머로 교정을 확장하였다. 이전 코트들이 벽돌 담장으로 둘러싸인 조용하고 폐쇄적인 분위기라면 뉴코트는 확 트인 공간감과 푸른 자연을 만끽할 수 있는 곳이다. '웨딩 케이크'이라는 별명을 지닌 우아한 고딕 건물의 뉴코트는 주위의 푸른 잔디밭과 대비되어 더욱 돋보인다.

세인트 존스 칼리지에는 케임 강을 가로지르는 두 개의 다리가 있다. 방문객들이 서서 경치를 감상하고 펀팅을 즐기는 사람들에게 손을 흔드는 다리는 키친 브리지(Kitchen Bridge), 또는 렌 브리지(Wren Bridge)라고 불린다. 그곳에서 보이는 또 다른 다리가 바로 그 유명한 '한숨의 다리(Bridge of Sighs)'다.

1831년에 만들어진 한숨의 다리는 헨리 허친슨(Henry Hutchinson)이라는 천재 건축가가 남긴 몇 개의 작품 중 하나다. 그는 고딕 복고풍의 이 다리를 완성한 직후, 31년의 짧은 생을 마감했다. 한숨의 다리 양쪽은 창살 같은 봉으로 막혀 있는데 학생들이 밤에 칼리지에 오르는 것을 막기 위해서이다. 한숨의 다리라는 이름은 이탈리아 베니스의 유명한 다리 이름에서 따온 것이다. 베니스의 한숨의 다리는 감옥으로 이어지는 데 비해, 케임브리지의 한숨의 다리는 학생들이 시험을 보거나 그 결과를 확인하러 가는 길이다. 하지만 이름과 달리 관광객들은 한숨이 아닌 환성을 지르며 멋진 풍경을 감상한다. 이리저리 멋진 각도를 찾아 셀카를 찍기도 하고 단체 관광 사진을 찍기도 한다. 한숨의 다리를 방문했던 빅토리아 여왕도 아주 아름답고 사진이 잘 나오는 곳이라며 극찬했다고 한다. 아쉬운 건 관광객들은 한숨의 다리 위를 직접 걸어볼 수 없다는 거다.

세인트 존스 칼리지의 한숨의 다리

세인트 존스 칼리지는 케임 강을 건너 서쪽으로 점차 확장되었다. 강 건너편에는 학생들의 거주 공간으로 1967년 완공된 크립스 빌딩(Cripps Buidling)을 비롯한 현대식 건물들이 있다. 가장 최근에 지은 건물은 1994년에 완공된 도서관이다. 그 가운데에는 케임브리지에서 가장 오래된 건물 중 하나인 피타고라스 스쿨(School of Pythagoras)도 있다. 이보다 더 오래된 라운드 교회나 세인트 베넷 교회가 최근까지 여러 번 개조된 것에 비해 이 집은 거의 원상태 그대로이다. 피타고라스 스쿨(School of Pythagoras)은 1200년경 칼리지가 생기기 이전에 지어진 석조 건물이다. 대부분 집들이 목조 주택이었던 당시를 생각하면 피타고라스 스쿨은 상당히 부유하고 중요한 시민의 집이었던 모양이다. 13세기에는 케임브리지 시장이 살았다는 말도 있다. 어쩌다가 스쿨이라는 이름이 붙었는지 모르겠으나, 실제로는 학교도 아니고 대학과도 무관한 건물이었다. 20세기 중반에 세인트 존스 칼리지가 이 건물을 사들여 드라마 클럽의 극장으로 사용하다가 지금은 칼리지 서고(archive)로 사용 중이다.

우리에게 널리 알려진 낭만파 시인 윌리엄 워즈워드도 18세기 후반, 세인트 존스 칼리지에 입학하여 퍼스트 코트에서 지냈다. 워즈워드는 칼리지의 자연을 좋아하고 찬미했지만, 대학의 아카데믹하고 엄격한 생활을 그다지 좋아하지 않았다고 한다. 그는 프랑스, 이탈리아, 스위스 등지를 여행하다가 가까스로 대학을 졸업한 후, 고향인 호수지방(Lake District)으로 돌아가 시를 쓰는 데 열중했다. 영국인들이 즐겨 찾는 휴양지인 호수지방에는 워즈워드가 살았던 집과 박물관이 보전되어 있어 당시의 생활상을 짐작해 볼 수 있다.

케임 강 건너에 위치한 세인트 존스 칼리지의 뉴코트

찰스 다윈이 다녔던 크리스트 칼리지

레스토랑과 커피숍, 쇼핑센터 등이 밀집한 세인트 앤드류스 스트리트(St. Andrew's Street)의 한편에는 크리스트 칼리지가 있다. 역시나 오래된 나무문으로 들어가는 입구는 소박해 보이지만 안으로 들어갈수록 의외로 넓다는 생각이 드는 곳이다. 칼리지의 한쪽 면은 넓은 녹지 공원인 크리지트 피스(Christ's Piece)에 접해 있다. 케임브리지 시내에 나오는 날은 거의 매번 이 칼리지 앞을 지나게 마련이어서 종종 들리곤 했다. 입장료를 받지 않기 때문에 시험 등으로 칼리지를 폐쇄하지 않는 한 언제든지 들어갈 수 있다.

세인트 존스 칼리지와 같이 크리스트 칼리지의 정문 위에도 백합과 사자 등으로 구성된, 설립자 레이디 마거릿 보퍼트의 문장이 있다. 당시 영국에서 가장 부유한 여성 중 한 명이었던 마거릿 보퍼트는 그레이트 세인트 메리 교회의 재건축을 후원하였고, 헨리 7세가 킹스 칼리지 채플을 완성하도록 도왔으며 크리스트 칼리지와 세인트 존스 칼리지를 설립하는 등 케임브리지 대학을 적극적으로 후원하였다.

1505년 크리스트 칼리지는 이전부터 운영되던 '가드 하우스(God's House)'라는 작은 칼리지를 확장하여 설립되었다. 사후에 유언으로 집행된 세인트 존스 칼리지와는 달리, 크리스트 칼리지는 마거릿 보퍼트가 생전에 직접 공을 들여 설립하였다. 칼리지 안에는 마거릿 보퍼트의 흔적이 곳곳에 남아 있다. 크리스트 칼리지를 설립하기 위해 마거릿이 직접 머물던 마스터의 방 창문 아래에도 보퍼트 가문의 문장이 있다. 뉴코트(New Court) 쪽의 벽면에는 마거릿 보퍼트를 상징하는 커다란 흰색 데이지 꽃 모델이 걸려 있다. 재미있게도 데이지 꽃을 뜻하는 이탈리아어와 스페인어가 마거릿이라고 한다. 데이지 꽃 모델의 옆쪽 벽면에는 희미한 필기체 글씨가 조각되어 있는데, 자세히 보면 마거릿 보퍼트의 사인(sign)이다. 런던 웨스터민스터 사원에 놓인 마거릿 보퍼트의 조각상을 제작한, 토리지아노 피에트로(Torigiano Pietro)라는 이탈리아 조각가가 그녀의 실제 사인을 복사하여 조각한 것이라 한다.

크리스트 칼리지의 정문

마거릿 보퍼트가 머물던 마스터의 방

　크리스트 칼리지의 졸업생들 중에서 가장 큰 자랑거리는, 아마 진화론을 창시한 찰스 다윈(Charles Darwin)일 것이다. 찰스 다윈은 1830년경 이 칼리지의 학생이었다. 다윈은 원래 영국의 슈루즈버리(Shrewsbury)라는 작은 마을에서 태어났다. 아버지는 성공한 의사였고 할아버지는 시인이자 의사, 박물학자였다. 어머니는 지금도 전세계인의 사랑을 받는 도자기 명품 웨지우드(Wedgwood) 설립자의 딸이었다. 유복한 환경이었지만 어머니가 일찍 사망하는 바람에 다윈은 누나들의 돌봄 속에서 자랐다.

　케임브리지에 오기 전에 다윈은 아버지의 바람대로 의학을 공부하기 위해 에든버러 대학에 다녔다. 하지만 다윈은 의학 공부를 좋아하지 않았다. 무엇보다 피를 보는 것을 힘들어하여 결국엔 대학을 그만두었다. 그러자 아버지는 다윈에게 영국 성공회의 목사가 되기를 권유했고 처음에는 다윈도 이를 받아들였다. 목사가 되면 틈틈이 자유 시간에 자연관찰을 할 수 있을 거라는 생각에서였다. 사실 에든버러 대학에 있는 동안에도 해양무척추동물을 조사하는 등 다윈의 관심은 어릴 적부터 자연을 관찰하는 데 있었다.

다윈은 신학자가 되기 위해 1827년, 크리스트 칼리지에 입학했지만 모자란 그리스어를 보충하느라 그다음 해가 되어서야 정식으로 칼리지 생활을 시작할 수 있었다. 당시 크리스트 칼리지 안에는 남는 방이 없었기 때문에 다윈은 외부의 학생 기숙사에서 한동안 생활했다. 그곳이 현재 크리스트 칼리지의 맞은 편에 있는 대형 편의점 부츠(Boots) 건물의 이 층이다. 원래 있던 낡은 건물은 이미 헐렸고, 지금은 현대식 건물에 다윈이 살았다는 내용을 담은 푸른 명판만이 남아 있다. 사람의 눈길이 자연스럽게 닿기엔 다소 높은 곳에 명판

부츠 위 푸른 명판이 걸려 있는 곳이 한때 찰스 다윈이 살았던 방이다.

이 걸려 있기에 그 앞을 수십 번 지나다니면서도 한동안 보지 못했다. 책에서 관련 내용을 읽은 후에야 비로소 명판이 눈에 들어왔다. 역시 아는 만큼 보이는가 보다.

다윈은 칼리지에서 그다지 모범생은 아니었다. 신학보다는 자연 관찰에 훨씬 많은 관심을 쏟았다. 다윈은 딱정벌레를 열심히 수집했고, 식물학 교수인 존 스티븐 헨스로우(John Stevens Henslow)로부터 많은 지도를 받았다. 헨스로우 교수는 다윈의 멘토였다. 저명한 지질학 교수였던 애덤 세즈윅(Adam Sedgwick) 도 다윈의 스승이었다.

신학보다는 자연과학에 더 관심을 두었던 다윈은 헨스로우 교수의 추천에 따라 비글호를 타고 5년간의 탐험 여행을 시작했다. 그동안 다윈은 섬들의 지질학과 동물학을 조사하고, 남미 갈라파고스 섬에서 많은 표본을 수집하며 관찰 노트를 기록했다. 비글호에서 돌아온 후 다윈은 진화론을 다듬고 입증하기 위해 오랫동안 동식물 실험을 했다. 그리고 예리하고 혁신적인 책들을 출판하면서 다윈은 지질학자와 동물학자, 탐험가로서 커다란 명성을 얻기 시작했다. 『종의 기원』은 비글호에서 돌아온 지 23년 만에 출판되었다.

케임브리지에는 다윈과 그의 후손들이 살던 흔적들이 곳곳에 남아 있다. 피츠윌리엄 박물관(Fitzwilliam Museum) 근처에는 1936년 비글호에서 돌아온 다윈이 1년간 살았던 하우스가 있다. 주변의 집들과 비슷하게 생긴 평범한 하우스의 입구에는 '다윈이 살던 집'이라는 명판이 걸려 있다. 또, 다윈 칼리지의 건물 중 한 곳은 다윈의 후

다윈이 살던 퍼스트 코트

손들이 1960년대 초반까지 살았던 곳이다.

1939년 다윈은 외종사촌이었던 엠마 웨지우드와 결혼하였다. 영국의 도자기 마을 스토크온트렌트(Stoke-on-Trent)에 있는 웨지우드 박물관에 가면 설립자의 소개 코너에서 다윈의 사진도 볼 수 있다. 다윈은 부유한 집안 덕분에 연구에만 몰두할 수 있었다. 다윈은 1882년 사망한 후 웨스터민스터 사원에 묻혔고, 그가 남긴 많은 자료들은 대부분 케임브리지 대학 도서관에 보관되었다.

다윈은 단지 과거의 인물이 아닌 것 같다. 그에 대한 추모는 계속 이어지고 있다. 1909년에는 다윈 탄생 100주년과 『종의 기원』 출판 50주년을 축하하는 행사가 크리스트 칼리지 주관으로 이루어졌다.

이를 위해 전세계 167개국 나라에서 4백여 명 이상의 과학자들이 케임브리지에 왔다. 그에 이어 지난 2009년에는 다윈 탄생 200주년 기념행사가 열렸다. 그때, 크리스트 칼리지는 다윈이 쓴 편지와 일기 등의 자료를 토대로 그가 학생 시절에 사용하던 칼리지의 방[20]을 19세기 초의 모습으로 복원했다. 또, 뉴코트(New Court) 쪽에는 다윈이 비글호 여행에서 발견한 식물들로 정원을 조성했다. 거기에는 칼리지 학생 시절의 젊고 풋풋한 모습을 한 다윈의 청동 조각상이 놓여 있다. 수염이 덥수룩한 모습에만 익숙한 우리는 얼핏 알아보기 힘들다.

다윈의 젊은 시절을 나타낸 동상

　또 한 명의 저명한 크리스트 칼리지의 졸업생으로는 시인 존 밀턴 (John Milton)을 들 수 있다. 1625년 칼리지에 입학한 존 밀턴은 여

20　그가 살던 방은 퍼스트 코트(First Court)의 남쪽 면에 있는 일층 G4 룸(room)이다.

리고 곱상한 외모 때문에 '크리스트의 레이디(The Lady of Christ's)'라는 별명을 지니기도 했다. 그는 시민전쟁 동안 올리버 크롬웰을 도와 의회파를 지지하는 팸플릿을 만드는 등 정치적, 종교적 사상가로 활동하였다. 이후, 시 실락원(Paradise Lost)과 같은 걸작들을 남기면서 존 밀턴은 셰익스피어 다음 가는 영국의 위대한 시인으로 칭송되었다.

소박하고 조용한 크리스트 칼리지의 펠로우 가든(fellow garden)에는 '밀턴의 뽕나무'라고 불리는 나무가 있다. 17세기 제임스 1세는 영국의 실크 산업을 발전시키기 위해 케임브리지 대학에 뽕나무를 심도록 하였다. 크리스트 칼리지도 왕이 준 뽕나무 씨를 300여 개나

밀턴의 뽕나무

심었다. 그런데 알고 보니 그 뽕나무 씨는 누에가 먹지 않는 검은 씨였고, 결국 왕의 시도는 실패로 끝났다. 하지만 뽕나무 아래에서 밀턴이 영감을 받으며 자주 시를 썼기에 '밀턴의 뽕나무'라는 이름이 붙여졌다. 뽕나무는 지금도 정원 한편에 넓게 가지를 뻗은 채 넉넉한 그늘을 만들고 있다.

올리버 크롬웰이 묻힌 시드니 석세스 칼리지

　　항상 많은 사람이 오고 가는 북적한 시드니 스트리트에는 시드니 석세스 칼리지가 자리 잡고 있다. 슈퍼마켓 세인즈베리의 맞은 편에 있는 정문을 통과하면 복잡한 시내를 벗어나 조용하고 아늑한 칼리지 분위기를 맛볼 수 있다. 시드니 석세스 칼리지는 폐쇄된 프란체스코 수도원의 자리에 세워졌다. 레이디 프란시스 시드니 석세스(Lady Frances Sidney Sussex)라는 백작 부인이 새로운 칼리지를 설립하라는 유언과 함께 5천 파운드(한화 약 860만 원)를 남겼다. 칼리지 이름 중 시드니는 그녀의 결혼 전 성(family name)이고, 석세스는 그녀의 작위 명이었다.

　　17세기 중반, 영국은 절대 권력을 누리려는 왕과 법을 우위에 두려는 의회 간의 오랜 권력 싸움으로 혼란스러웠다. 왕은 의회의 필요성

시드니 석세스 칼리지

을 느끼지 못했고, 의회는 왕의 지나친 권력을 제한하려 했다. 이러한 갈등은 의회를 해산시키며 권력을 지키려 했던 찰스 1세 때에 폭발하여 시민전쟁으로 이어졌다.

갈등이 심각해지자 찰스 1세는 런던에서 도망쳐 옥스퍼드에 본부를 차렸다. 케임브리지의 왕정파 사람들도 옥스퍼드로 갔다. 청교도가 강했던 케임브리지는 의회파의 군사 본부가 되었는데, 그 중심에는 시드니 석세스 칼리지와 엠마뉴엘 칼리지가 있었다. 케임브리지의 시의원이었던 올리버 크롬웰(Oliver Cromwell)이 청교도 군대의 리더가 되었다.

올리버 크롬웰은 한때 시드니 석세스 칼리지를 다니던 학생이었다. 크롬웰은 케임브리지에서 가까운 헌팅든(Huntingdon)에서 태어난 비교적 부유한 지방귀족 출신이었다. 1616년 17세의 크롬웰은 펠로우 커머너(Fellow Commoner) 자격으로 칼리지에 입학했다. 펠로우 커머너는 부유한 귀족 출신의 학생으로 교수들과 같은 테이블에서 식사하며 특권을 누렸다. 하지만 아버지의 죽음으로 그의 칼리지 생활은 1년 만에 끝났다. 그는 가족을 책임지기 위해 고향으로 돌아가야 했다. 1640년경, 케임브리지 시의원이 된 크롬웰은 시민전쟁이 발발하자 마을 사람들의 적극적인 지지를 받으며 의회 군대를 조직하였고, 케임브리지 성을 재건축하여 요새를 구축하였다. 크롬웰이 이끄는 의회 군대는 케임브리지 칼리지를 임시 숙소로 사용하면서 청교도 연합의 지역 본부로 삼았다.

1649년 찰스 1세가 왕좌에서 쫓겨나 단두대의 이슬로 사라지면서 시민전쟁은 의회파의 승리로 끝났다. 올리버 크롬웰을 비롯한 대다수 의원들이 청교도였기 때문에 이 사건을 청교도 혁명이라고도 한다. 영국 최초의 호국경이 된 크롬웰은 아주 엄격하게 나라를 통치하였다. 왕을 지원하던 칼리지 마스터들은 강제로 해임되거나 런던 타워에 투옥되었다.

하지만 크롬웰은 1658년에 말라리아로 추정되는 사인으로 세상을 떠났다. 그의 장례식은 역대 왕들처럼 성대하게 치러졌고, 시체는 방부 처리되어 웨스턴민스터 사원에 묻혔다. 그 후, 아들 리차드 크롬웰이 권력을 이어받았지만 오래가지 못했다. 결국 크롬웰이 죽은 지 2년 만에 찰스 2세에 의해 왕정이 복고되었다.

크롬웰에게 원한이 많던 찰스 2세를 비롯한 왕정파들은 복수를 결심했다. 그들은 크롬웰의 시체를 웨스터민스터 사원에서 꺼내 런던 거리에서 끌고 다니다 교수형에 처했다. 크롬웰의 잘린 머리는 1684년까지 웨스터민스터 사원의 기둥에 매달려 살벌한 풍경을 연출했다. 그러던 어느 날, 심한 바람과 폭풍우 속에서 크롬웰의 머리가 획 날리며 보초병 앞에 떨어졌다. 놀란 병사는 크롬웰의 머리를 자신의 집 굴뚝 속에 숨겨놓았다. 그리고는 죽기 직전에야 그 사실을 털어놓았다. 그 후 3백여 년 동안 크롬웰의 머리는 수집가들의 손을 거치며 이리저리 오가다 마침내 1960년대, 그가 다녔던 시드니 석세스 칼리지에 묻혔다.

시드니 석세스 칼리지의 채플 입구에는 그를 추모하는 명판이 걸려 있다. 그 근처 어디엔가 그의 머리가 묻혀 있다고 한다. 그런데 그

정확한 위치를 아는 사람은 극히 일부라고 한다. 시드니 석세스 칼리지의 마스터를 지냈던 한 노교수의 증언에 따르면, 크롬웰의 머리는 아주 비밀스러운 장소에 묻혀 있다. 정확한 위치는 역대 마스터들 사이에 비밀리에 전해져 생존하는 한두 사람만이 알고 있다. 이유인즉 아직도 올리버 크롬웰을 아주 싫어하거나 심한 적대감을 가지는 사람들이 있어 그로 인해 생기는 분란을 미연에 방지하기 위해서이다.

지금도 크롬웰에 대한 영국인들의 시각은 종교와 세계관에 따라 호불호가 갈리는 듯하다. 특히, 크롬웰의 폭정을 못 이겨 많은 사람들이 이민을 가는 등 잔혹한 역사를 안고 있는 아일랜드의 카톨릭 신도들은 크롬웰을 아주 싫어한다. 또, 전통적으로 왕족을 존경하는 많은 영국인도 크롬웰을 좋아하지 않는다. 특히 왕정복고 직후에 크롬웰은 많은 미움을 받았다. 17세기 한 왕정주의 작가는 크롬웰을

올리버 크롬웰이 묻혀 있음을 알리는 명판
(시스니 석세스 칼리지 채플 앞)

'국가에 커다란 해를 끼친 용감하지만 나쁜 사람'으로 묘사했다. 18세기에도 크롬웰은 군사의 힘으로 권력을 장악한 독재자로 여겨지곤 했다. 세계대전 때에는 크롬웰을 무솔리니나 히틀러와 같은 군사 독재자로 보는 사람들도 있었다.

하지만 19세기 이후, 민주주의를 옹호하는 역사가들은 크롬웰을 왕의 독재로부터 국가를 구한 영웅으로 묘사하였다. 크롬웰의 엄격한 도덕성과 강력한 정책 또한 칭송되며 역사상 가장 위대한 영국인으로 평가되기도 했다. 1899년에는 런던의 국회의사당 정문 앞에 검과 성서를 들고 있는 갑옷 차림의 크롬웰 동상이 세워졌다.

어쨌든 크롬웰은 오늘날까지 영국인들의 지속적인 관심과 사랑을 받는 인물임에는 틀림없는 것 같다. 2002년 BBC 방송국이 실행한 '가장 위대한 100명의 영국인(100 Greatest Britons)'에는 처칠, 셰익스피어, 찰스 다윈, 다이아나 등과 함께 크롬웰도 상위에 올랐다. 우리의 영국인 친구도 크롬웰의 초상화에 숨김없이 그려진 커다란 사마귀 역시 우직한 성격을 나타내는 것이라며 그의 용기와 솔직함을 높이 샀다. 실제로 크롬웰은 초상화를 그릴 때 여드름과 사마귀, 피부의 흠집까지 있는 그대로 그릴 것을 요구했으며, 그러지 않으면 돈을 지불하지 않겠다고까지 했다.

하버드 대학과 인연이 깊은 엠마뉴엘 칼리지

케임브리지의 번화가 중 하나인 세인트 앤드류스 스트리트 (St. Andrew's Street)의 존 루이스 백화점 맞은 편에는 청교도적 기풍이 강한 또 하나의 칼리지가 있다. 엘리자베스 1세 여왕 때에 재무상(Chancellor of Exchequer)을 지낸 월터 경(Sir Walter Mildmay)에 의해 설립된 엠마뉴엘 칼리지는 시드니 석세스 칼리지와 함께 청교도의 중심지였다. 월터 경은 이미 폐쇄된 도미니칸(Dominican) 수도원을 550파운드(한화 약 95만 원)에 구입한 후 칼리지를 설립하였다.

1630년대 찰스 1세의 통치하에서 많은 핍박을 받던 청교도인들은 종교의 자유를 위해 미국의 동쪽 해안으로 이주하였다. 1620년 메이플라워호를 타고 북미에 정착한 필그림 파더스(Pilgrim Fathers)에 이어 많은 대학 졸업생들이 뉴잉글랜드에 정착했다. 당시 미국으로 건너간 140여 명의 칼리지 졸업생들 중에서 102명이 케임브리지 출신이었고, 그중 35명이 엠마뉴엘 칼리지 졸업생이었다.

존 하버드(John Harvard)도 미국으로 건너간 청교도 중 한 명이었다. 그는 엠마뉴엘 칼리지를 졸업한 후 미국으로 건너가 목사로 활동하면서 매사추세츠의 뉴타운, 케임브리지에 새로운 교육시설을 만들었다. 하지만 안타깝게도 하버드는 얼마 안 되어 31살이라는 젊은 나이에 폐결핵으로 세상을 떠났다. 아이도 없던 그는 많은 재산과 300여 권의 책을 남겨 1639년 하버드 대학을 설립하도록 하였다.

엠마뉴엘 칼리지는 케임브리지의 커다란 녹지 공원인 크리스트 피스와 파커스 피스를 양쪽에 끼고 있는 아름다운 칼리지이다. 번잡한 거리를 뒤로 한 채 칼리지에 들어서면 바로 정면에 고전적 스타일의 채플이 보인다. 1666년 크리스토퍼 렌이 케임브리지에서 설계했던 작품이다. 이 채플은 또 다른 렌의 작품인 펨브로크 칼리지의 채플과 많이 닮았다. 나무 의자, 흰색의 석고 조각으로 이루어진 천장, 검정과 흰색 무늬의 바닥 장식 등 고전적 스타일을 따르는 크리스토퍼 렌의 초기 양식이 잘 나타나 있다.

화려하면서도 권위 있는 킹스 칼리지의 채플과는 달리 엠마뉴엘 칼리지의 채플은 단순하고 소박하면서도 기품 있는 분위기를 풍긴다. 이는 청교도적 전통과도 관련이 깊다. 예를 들어, 카톨릭 채플과는 달리 엠마뉴엘 칼리지의 채플 중간에는 성직자와 일반 신도를 구분하는 스크린이 없다. 카톨릭의 부패를 비판했던 청교도는 성직자나 일반인 구분 없이 누구든지 동등하게 신에게 다가갈 수 있다는 의미에서 채플 중간에 스크린을 만들지 않았다. 또한, 채플의 장식

크리스토퍼 렌이 설계한 엠마뉴엘 칼리지 채플

채플의 스테인드글라스에 그려져 있는 존 하버드의 모습(왼쪽)

을 최대한 자제했으며 스테인드글라스에는 성경 내용 대신에 개신교의 확산에 앞장섰던 케임브리지의 학자 토마스 크랜머와 존 피셔 등의 모습을 그렸다. 하버드 대학을 설립한 존 하버드의 모습도 스테인드글라스에 나타나 있다.

채플을 나와 남쪽으로 직진하면 넓고 평화로운 정원과 함께 그림 같은 연못이 나타난다. 아주 오래전 수도사들이 식용 물고기를 키웠던 연못에는 귀여운 오리들이 헤엄치거나 주변을 뒤뚱뒤뚱 걸어 다닌다. 평화로운 한낮, 오랜만의 따스하고 밝은 햇볕을 즐기려는 학생들로 정원은 싱싱하고 활기차다. 연못가에는 한 노부부가 나란히 벤치에 앉아 주변 풍경을 바라보며 도란도란 이야기를 나누고 있었다.

엠마뉴엘 칼리지 정원

새뮤얼 핍스의 일기가 있는 모들린 칼리지

케임 강 북쪽의 캐슬 스트리트(Castle Street)에는 오랜 상점들과 함께 중세의 칼리지가 자리 잡고 있다. 바로 모들린 칼리지(Magdalene College)이다. 근현대식 칼리지가 생기기 전인 19세기 초만 해도 모들린 칼리지는 케임 강 건너편에 있는 유일한 칼리지였다. 모들린 칼리지는 원래 베네딕트회의 수도승들을 교육하기 위해 1428년에 세워진 호스텔(Hostel)이었다. 이 호스텔은 훗날 후원자의 이름을 따서 버킹엄(Buckingham) 칼리지로 불렸으나, 16세기 헨리 8세에 의해 대법관(Lord Chancellor) 토마스 오드리(Thomas Audley)의 소유가 되었다. 1542년 토마스 오드리는 기존의 칼리지를 모들린 칼리지로 재건하였다.

펀팅이 시작되는 키사이드(Quyside) 근처에서 바라보는 모들린 칼리지도 아름답지만, 한 번쯤 내부에 들려봄 직하다. 붉은 벽돌 건물

모들린 칼리지

과 아름다운 꽃들이 어우러져 있는 중세풍 칼리지이다. 모들린 칼리지에는 17세기 영국을 이해하는 데 중요한 새뮤얼 핍스(Samuel Pepys)가 남긴 도서관이 있다.

17세기 런던에서 테일러(taylor)의 아들로 태어난 새뮤얼 핍스는 가난한 학생들의 부류인 사이저(Sizar) 자격으로 모들린 칼리지를 다녔다. 칼리지 졸업 후, 국회의원과 해군 행정관 등 주요 공직과 대학 학장, 왕립학회 대표 등을 역임하며 승승장구했던 핍스를 오늘날까지 유명하게 만든 것은 일기였다. 그는 1659년부터 십여 년간 매일 일기를 썼다. 핍스는 자신의 자잘한 일상생활뿐 아니라, 1665년 런던 대역병, 1666년 런던 대화재, 찰스 2세의 대관식 등 영국의 굵직굵직한 역사적 사건들을 일기에 기록했다. 또, 여성 문제 등의 사생활을 보호하기 위하여 당시 처음 고안된 속기 암호를 배워 일기를 썼다. 결혼하지 않아 자손이 없던 핍스는 1703년 사망하면서 자신의 일기와 수집한 책, 지도 등 3천여 점의 자료를 도서관 설립 비용과 함께 대학에 남겼다. 속기 암호로 써진 그의 일기는 나중에 해독되어 작품으로 출간되었는데, 이는 17세기 영국 역사를 이해하는 데 중요한 자료로 사용되고 있다.

어느 날, 기대를 잔뜩 하며 방문한 핍스 라이브러리에는 지금까지 다른 어떤 자료도 추가되지 않은 채 핍스가 남긴 3천여 점의 자료들만 보관되어 있었다. 묵중한 책 향기 속에서 벽에 걸린 핍스의 초상

핍스 라이브러리

화가 눈에 띄었다. 길게 늘어뜨린 머리에, 어딘지 지적이면서도 장난기가 느껴지는 모습이었다. 300년 넘게 보관되어 온 핍스의 자필 일기와 책들, 일일이 사람의 손으로 세밀하게 묘사된 그림들, 오래된 악보 등 하나하나 모두 감탄스러웠다.

1900년대에 모들린 칼리지는 규모가 더욱 커져 길 건너편의 건물들까지 확장되었다. '너의 신념을 지켜라(Keep your faith)'라는 칼리지의 모토 때문인지 모들린 칼리지는 비교적 독자적인 정책들을 구사하였다. 빅토리아 시대에 대다수 칼리지들이 배제했던 학생들, 이를테면 카톨릭이나 유대교인, 아시아 학생들의 입학을 앞장서서 허가하였다. 다른 칼리지들은 나중에야 모들린을 따라 입학 조건을 완화했다. 하지만 웬일인지 여성에 대한 입학 제한은 가장 늦게까지 남아 있었다. 모들린 칼리지는 마지막까지 남성 전용 칼리지로 남아 있다가 1988년에야 여성 입학을 허락하였다.

근현대에 세워진 칼리지들

1596년 시드니 석세스 칼리지가 설립된 이후, 150년 동안 케임브리지에는 새로운 칼리지가 하나도 설립되지 않았다. 그러던 중 1749년 드디어, 조지 다우닝 경(Sir George Dowing)이 칼리지 설립을 위한 유산을 남기자 많은 사람들이 환호하였다. 그의 막대한 유산은 할아버지[21]로부터 물려받은 것이었다. 조지 다우닝은 겨우 세 살 때에 어머니가 돌아가시자 삼촌 집에서 자랐다. 그는 15살에 삼촌 딸과 결혼하였으나 그녀가 앤 여왕의 시녀로 가는 바람에 그들은 계속 별거 생활을 하였다. 결국 자식 없이 세상을 떠난 다우닝은 물려받은 막대한 재산을 칼리지 설립에 기부하겠다는 유언을 남겼다. 하지만 가족들의 반대로 칼리지 설립은 여러 가지로 복잡한 법적 분쟁을

---

21 이름이 같은 그의 할아버지, 조지 다우닝 경은 하버드 대학의 전신인 하버드 칼리지를 졸업한 후, 찰스 2세 시절 재무상과 정치인을 하면서 상당한 재산을 축적하여 영국 최고의 부자 반열에 오르기도 했다. 영국의 총리 관저가 있는 런던의 다우닝가는 그의 이름을 딴 것이었다.

거치며 지체되었다. 가족들은 법정에서 패소했으나 대학으로 재산이 이전되는 것을 방해했다. 결국 다우닝 칼리지의 설립은 1807년에야 착수되었다. 원래 남겨진 유산은 상당했으나 이미 많은 부분이 변호사에게 넘어간 상태였다.

다우닝 칼리지는 확실히 중세의 칼리지와는 다른 분위기를 지닌다. 칼리지를 들어서면 시야가 확 트이는 넓은 부지에 그리스식 건축물들이 눈에 뜨인다. 다우닝 칼리지의 설계는 여러 쟁쟁한 건축가들을 제치고 곤빌앤키스 칼리지의 펠로우였던 스물 네 살의 윌리엄 윌킨스(William Wilkins)에게 맡겨졌다. 윌킨스는 국왕 조지 3세의 바람대로 고딕이 아닌 고대 그리스의 건축양식을 도입하였다. 그는 학생 주거시설과 홀, 채플, 도서관 등을 모두 포함한 케임브리지에서 가장 큰 코트를 만드는 계획을 세웠다. 하지만 재정난으로 칼리지 건

다우닝 칼리지

설은 느리게 진행되었다. 칼리지 부지 일부를 대학에 팔아 건설 비용을 마련하기도 했는데, 그곳이 바로 19세기 말에 일련의 대학 실험실과 박물관 등을 지은 '다우닝 사이트'였다. 1820년 마침내, 첫 학생들이 칼리지에 입학하였다. 그 후에도 후원자들의 기부가 이어져 건물은 20세기 전반까지 지어졌다. 오랜 기간이 걸렸지만 오늘날의 다우닝 칼리지의 모습은 건축가 윌킨스의 초기 비전이 거의 실현되었다고 한다.

19세기 후반부터 20세기까지 케임브리지에는 많은 칼리지들이 생기며 19개였던 칼리지가 31개로 늘어났다. 여성의 대학 교육을 위한 거튼과 뉴햄, 에드워드 머레이[22] 칼리지가 생겼다. 서쪽의 시드윅 사이트(Sidgwick Site)에는 역사와 영어, 법률, 음악, 경제학, 신학 등을 위한 현대적 건물들이 생겼다. 교사를 양성하기 위한 호머튼 칼리지(Homerton College)도 생겼다.

중세 칼리지의 대부분이 채플, 식당, 도서관, 코트 등 커뮤니티 유지에 필요한 기본 요소들로 이루어진 반면, 근래에 세워진 칼리지들은 그런 형식으로부터 다소 자유로워졌다. 예를 들어, 뉴햄 칼리지에는 채플이 아예 없다. 처칠 칼리지의 채플은 한편 구석에 아주 작게 지어졌다.

아름다운 밀폰드(Mill Pond)와 인접한 다윈 칼리지는 증가하는 대학원생을 수용하기 위해 트리니티, 세인트존스, 곤빌앤키스 칼리지가

---

22 원래 이름은 뉴홀(New Hall)이었다.

대학원생 전용 다윈 칼리지

자금을 내어 1964년에 설립한 최초의 현대식 칼리지였다. 다윈 칼리지에 사용된 세 채의 건물 중 한 곳은 찰스 다윈의 후손들이 최근까지 살았던 곳이다. 뉴햄 그랜지(Newnham Grange)라는 이 건물에는 원래 지역 상인이 살았는데, 찰스 다윈의 아들 조지 다윈(Sir George Darwin)이 그 집을 사들여 오랫동안 살았다. 조지 다윈은 트리니티 칼리지의 펠로우이자 천문학자였다. 그의 딸 그웬 르와트(Gwen Raverat)는 그 집에서 태어나 어린 시절을 보냈고, 아들 찰스 다윈은 1662년 세상을 떠날 때까지 그곳에서 살았다. 찰스 다윈의 사망 이후, 그 건물을 포함한 칼리지 설립이 추진되었고 다윈 칼리지라는 이름이 붙여졌다. 오늘날 다윈 칼리지는 육백여 명 이상의 학생들이 다니는 대학원생 전용 칼리지다.

영국의 전쟁 영웅이었던 윈스턴 처칠을 기념하기 위해 설립된 처칠 칼리지는 시내로부터 다소 떨어져 있으나, 시간이 여유롭다면 산책

처칠 칼리지

삼아 걸어가도 좋다. 전술과 역사에는 뛰어났으나 수학은 잘 못했던 처칠은 세계대전을 겪으면서 기술과 공학의 중요성을 절실하게 깨달았다. 처칠의 이러한 생각은 미국의 매사추세츠 공대를 방문한 후 더욱 굳어져 영국에도 과학자를 양성하기 위한 새로운 칼리지를 설립하기로 했다. 포드 재단을 비롯한 많은 곳으로부터 후원을 받아 16헥타르의 너른 농지에 1960년 처칠 칼리지를 지었다. 칼리지에 인내의 상징인 오크 나무를 심으러 왔던 처칠은 그로부터 5년 후 세상을 떠났다.

과학자를 양성하기 위한 곳인 만큼 처칠 칼리지 학생들의 대다수는 수학이나 과학, 공학 과정을 공부한다. 교수들도 대부분 과학자들이었기에 채플의 설립 여부에 대해서는 논란이 많았다. 1967년 채플은 다른 건물들과 멀찌감치 떨어져 교정 한구석에 지어졌다. 과학

처칠 칼리지의 채플

과 종교의 분리를 상징하는 것이라 한다. 건축학적으로 뛰어난 처칠 칼리지의 현대적 건물 한편에는 허허벌판같이 넓은 잔디 공원이 펼쳐져 있다. 한겨울에 방문했을 때에는 그곳에서 부는 칼바람이 매섭게 느껴졌다. 그런데 그 벌판의 한편에 정말 소박한 채플이 있었다. 작은 창고 같기도 하고 경비실 같기도 한 건물이 있길래 다가가 보니 채플이었다. 중세의 칼리지 채플과는 너무나 다른 분위기에 깜짝 놀랐다.

1977년 데이빗 로빈슨 경(Sir David Robinson)이라는 지역 사업가가 설립한 로빈슨 칼리지(Robinson College)는 가장 최근에 생긴 칼리지다. 로빈슨 경은 15세부터 아버지의 자전거 가게에서 일하다가 로빈슨 렌탈(Ronbinson Rental)이라는 회사를 세워 TV 소매 사업으로 많은 재산을 모았다. 그는 자선단체를 세워서 칼리지 설립을 위한 비용 천팔백만 파운드(한화 약 310억 원)를 기부하였다.

시내 서쪽에 위치하는 로빈슨 칼리지는 건물은 물론, 바닥까지 붉은 벽돌로 지어진 현대식 건물이다. 중세의 칼리지처럼 잔디밭을 가운데에 두고 주변 건물들이 둘러싸는 코트(court)의 개념은 보이지 않았다. 그 대신 로빈슨의 벽돌 건물들은 동선을 고려하여 서로 이어진 듯 커다란 블록을 형성하고 있었다. 채플은 문이 잠겨져 들어가지 못했지만, 창틈 사이로 보이는 현대식 스테인드글라스가 화려했다. 한동안 보이지 않던 정원은 건물을 통과하니 싱그러운 모습을 드러냈다. 손질한 듯 안 한 듯한 정원은 초봄의 연둣빛 나무와 알록달록한 봄꽃들로 눈부시게 빛나고 있었다. 졸졸 흐르는 시냇물 옆으로 삼삼오오 모여 앉은 학생들이 평화로운 점심시간을 보내고 있었다.

가장 최근에 설립된 로빈슨 칼리지

제3부

케임브리지의 문화와 생활

도시 전체가 박물관

케임브리지 시를 걷다 보면 마치 야외 박물관을 걷고 있는 듯한 착각이 들곤 했다. 중세풍의 칼리지 건물, 수백 년은 됨직한 교회, 구석구석 위치한 박물관과 미술관, 조각 작품들, 귀퉁이의 오래된 책방, 앙증맞은 빨간 우체통과 전화부스까지 새것보다는 오래된 것이 많은 듯한 도시이다. 작은 도시지만 제대로 이해하려면 상당한 체력과 시간, 배경 지식이 필요한 것 같다.

영국을 상징하는 붉은 전화부스와 우체통

| 영국의 대학 도시 케임브리지 이야기

케임브리지 평생교육의 선구자,
헨리 모리스의 푸른 평판

곳곳에 걸려 있는 푸른 색이나 갈색의 명판(plaque)들은 도시와 역사에 대한 관심을 더욱 부추긴다. 대개 명판은 역사적으로 중요하거나 유명한 인물들이 살았던 건물의 외벽에 걸려 있다. 명판에는 누가 언제 여기에 살았는지, 어떤 사건들이 있었는지 등이 간략히 적혀 있다. 이러한 명판들을 하나하나 발견하며 도시를 알아가는 것 또한 하나의 즐거움이었다. 사실 명판은 케임브리지에만 있는 것은 아니다. 영국은 문화재와 유적지를 관리하기 위해 전국의 주요 도시에 푸른 명판 정책을 시행하고 있다. 런던에는 800여 개가 넘는 푸른 명판이 있어 부동산 가격에까지 영향을 주고 있다는 뉴스를 본 적이 있다. 오래된 것, 역사적인 것을 새것보다 값지게 여기고 좋아하는 영국인들의 오랜 습성을 알 수 있다.

박물관 같은 도시 케임브리지에는 실제로 박물관이 많다. 케임브리지 대학이 공식적으로 운영하는 것만 해도 여덟 곳이다. 대학의 보물 창고인 피츠윌리엄 박물관, 지역 주민을 위한 작은 미술관 케틀스 야드, 케임브리지의 오랜 역사를 보여주는 고고인류학 박물관, 과학과 기술의 역사를 보여주는 휘플 박물관과 세지윅 박물관, 온갖 식물들을 감상할 수 있는 보타닉 가든 등 대학의 연구와 교육을 위해 설립된 이들 박물관들은 대부분 기부와 봉사 활동으로 운영되고 있다.

개인의 관심사에 따라 다르겠지만, 피츠윌리엄 박물관은 짧은 기간 케임브리지를 방문하더라도 꼭 한번 들러 볼만한 곳이다. 대학이 소유한 보물들을 모아 놓은 곳으로 옥스퍼드 대학의 애쉬몰리언 박물관에 버금간다.

케임브리지 대학의 보물 창고 피츠윌리엄 박물관

피츠윌리엄 박물관 내부

　피츠윌리엄 박물관은 1848년 리차드 피츠윌리엄 경(Lord Richard Fitzwilliam)이 기증한 소장품들을 중심으로 시작되었다. 피츠윌리엄은 아일랜드 출신의 귀족으로 케임브리지 대학의 트리니티홀을 다녔다. 예술에 조예가 깊었던 그는 1816년 세상을 떠나면서 평생 모은 많은 예술품들과 박물관 설립 비용 10만 파운드(한화 약 1억 7천만 원)를 대학에 기부하였다. 박물관이 지어질 때까지 피츠윌리엄이 남긴 보물들은 임시로 다른 대학 건물[23]에 보관되었다. 피츠윌리엄 박물관의 건설 도중, 일리 성당의 복원 자문을 위해 파견되었던 건축사가 추락사하는 바람에, 옥스퍼드 대학의 애쉬몰리언 박물관을 지은 건축가 코커럴(C.R.Cockerell)이 뒤를 이어 완공하였다.

23　지금의 휘플 박물관

박물관 내부에는 설립자 피츠윌리엄 이외에 많은 사람들이 기증한 그림과 조각, 골동품, 공예품 등이 전시되어 있다. 작가이자 예술비평가인 존 러스킨은 1861에 터너(J.M.W.Turner)의 수채화를 25점이나 기증했다. 고대 그리스, 로마, 이집트의 유물부터 프랑스와 이탈리아의 중세 회화, 렘브란트와 루벤스, 피카소, 스탠리 스펜서, 모네, 세잔느, 쇠라, 르느와르 등 다양한 화가들의 작품들이 전시되어 있다. 오귀스트 로댕의 조각 작품도 있고, 한국의 백자와 청자 도자기들도 눈길을 끈다. 중세시대의 영국 무사들이 입었던 갑옷과 무기, 주변에서 발굴된 갖가지 모양의 동전들도 있다.

케임브리지 대학의 작은 박물관들은 다우닝 칼리지 인근의 다우닝 사이트(Downing Site)와 뮤지엄 사이트(Museum Site)에 주로 모여 있다. 19세기 말, 대학의 근대화와 함께 도입된 공학과 자연과학 등을 가르치는 데 필요한 강의실과 연구실 등이 개발된 곳이다. 여기에 자리 잡은 휘플 박물관과 세지윅 박물관, 동물학 박물관, 고고인류학 박물관은 모두 대학의 교육과 연구를 위한 것이었다. 지금은 케임브리지 역 근처로 이전한 식물원, 보타닉 가든(Botanic Garden)도 원래 뮤지엄 사이트에 있었다.

오늘날의 보타닉 가든은 16헥타르의 광대한 면적을 자랑하지만, 처음에는 겨우 2헥타르의 토지로 시작하였다. 1762년 트리니티 칼리지의 리차드 워커(Richard Walker) 교수가 자신의 토지를 기부하여 식물원을 만들었다. 초기에는 의대생들을 위해 약용식물을 재배하고 교육하기 위한 곳으로 식물원이라기보다는 실험실에 가까웠다. 이러한 시도는 옥스퍼드나 다른 유럽 대륙에 비해 늦은 편이었다. 옥스퍼드 대학은 1620년대에, 이탈리아의 피사나 퍼듀, 독일의 하이델베르그 대학은 16세기부터 이미 식물원을 조성하였다.

뒤늦게 시작한 케임브리지의 초기 식물원은 여러 문제점을 드러냈다. 토양이 빈약하고 삼면이 건물로 둘러싸여 있어 식물들이 햇볕을 쬐기 어려웠다. 게다가 주변 하우스에서 배출되는 연기로 식물들이 오염되는가 하면 근처에 둥지를 튼 갈까마귀들이 식물 라벨을 훔쳐가기도 하였다. 이러한 문제들을 해결하기 위해 헨스로우 교수는 1846년 현재의 위치로 식물원을 이전하였다. 찰스 다윈의 멘토였던 헨스로우 교수는 초기 보타닉 가든을 의학적 목적 이상으로 식물학을 연구하고 경제적 잠재성에 주목하여 발전시키는 데 많은 기여를 했다.

케임브리지 역 근처로 이전한 보타닉 가든은 원래 약 8헥타르 정도의 규모였으나, 1950년대에 두 배로 확장되면서 식물의 분류와 다양성뿐 아니라, 생태학과 유전학에도 중점을 두었다. 오늘날 보타닉 가든의 아름다운 정원과 온실에 있는 8천여 종 이상의 식물들은 일 년 내내 계절별로 다양한 모습을 보여준다. 식물학자 린네가 개발한 체계적 분류 방식이 적용되었고, 존 레이(John Ray)[24]의 방식대로 외떡잎식물과 쌍떡잎식물이 구분되었다.

보타닉 가든 내에는 케임브리지 대학의 식물학 연구실과 실험실이

---

24 존 레이는 17세기 트리니티 칼리지의 펠로우로 영국 자연사의 아버지로 불렸다.

케임브리지의 보타닉 가든(Botanic Garden)

있다. 다윈이 비글호를 타고 수집한 백여 종의 식물 표본을 보관하는 곳도 있다. 종종 시민 대상의 다양한 교육 강좌와 이벤트, 공연도 열린다. 참, 케임브리지의 대다수 박물관과는 달리 보타닉 가든은 유료이다. 동네 공원과는 달리 온갖 다양한 꽃과 나무들을 볼 수 있어, 평화롭고 유익한 한 낮을 보내기에 더없이 좋은 공간이었다.

한편, 케임브리지의 오래전 역사나 생활상이 궁금하다면 고고인류학 박물관(Museum of Archaeology and Anthropology)이나 케임브리지 민속 박물관(Cambridge and County Folk Museum)에 가야 한다. 다우닝 사이트에 위치한 고고인류학 박물관은 케임브리지 고고학회의 수집품을 1883년 대학에 기증함으로써 설립되었다. 박물관의 1층에는 근처에서 발굴된 석기 시대의 돌도끼와 도자기, 장신구 등 케임브리지의 오랜 유물들이 전시되어 있다. 2, 3층은 인류학 전시실로 인디안, 마오리족, 이누이트 등 세계 곳곳의 흥미로운 문화와 생활상을 보여준다.

보통 사람들의 생활상은 캐슬 스트리트 사거리에 있는 케임브리지 민속 박물관에서 볼 수 있다. 케임브리지 민속 박물관은 화이트 호스(White Horse)라는 17세기 여관(Inn) 건물을 사용한 오래된 목조 건물이라 걸을 때마다 삐걱거리는 소리가 나곤 했다. 혹시 이러다 푹 내려앉으면 어쩌나 싶을 때도 있었다. 게다가 어린이는 무료지만 어른은 6파운드의 입장료를 내야 한다. 특별한 관심이 없다면 쉽사리 발길이 옮겨지지 않을 수도 있는 곳이다. 하지만 케임브리지 시나 대학에서 주관하는 행사를 이용한다면, 무료로 그것도 가이드 안내를 받으며 관람할 수 있다. 우리는 캐슬힐 주변의 역사적 장소들을 개방하는 '오픈힐(Open hill) 페스티벌'과 '역사 페스티벌(History

케임브리지 민속 박물관

Festival)' 기간에 내부를 둘러볼 기회가 있었다.

3층에 걸친 전시품들은 케임브리지 지역민들의 일상생활의 단면과 지역사회의 역사를 요모조모 흥미진진하게 보여준다. 주변에서 발견된 로마 시대의 것으로 추정되는 공예품, 지역의 유명 사업가였던 토마스 홉슨의 초상화, 찰스 다윈의 후손들이 사용했던 아기 침대, 예전의 부엌과 조리기구들 등 사람들의 손때가 묻은 소박하고도 다양한 물건들이 전시되어 있다. 지역 주민들에게는 더욱 각별한 애정과 추억을 상기시킬 만한 곳인 것 같다.

노벨상을 90여 개나 수상한 대학 도시인 만큼 케임브리지에는 과학과 산업에 관련된 박물관들이 꽤 있다. 과학사 박물관인 휘플 박물관, 자연사 박물관인 세지윅 박물관, 스콧 극지 박물관, 동물학 박물관, 기술 박물관이 모두 케임브리지 시내에 있다. 이 박물관들의 규모는 모두 작은 편이지만 전시 자료는 꽤 충실한 편이다. 매년 열리는 '사이언스 페스티벌(Science Festival)'이나 '큐레이팅 케임브리지(Curating Cambridge)' 동안에는 가이드 안내와 강연, 실험 등의 풍성한 행사가 열린다.

올드 캐번디시 연구소의 바로 옆에 위치하는 휘플 박물관은 로버트 휘플(Robert Stewart Whipple)에 의해 설립된 곳으로, 정식 이름은 휘플 과학사 박물관(Whipple Museum of the History of Science)이다. 휘플은 평생 과학 도구와 관련된 일을 하던 사람이었다. 과학자 아버지를 두었던 휘플은 도구 제조사에서 일하다가, 1898년 호레이스 다윈(Horace Darwin)[25]의 개인 조수로서 케임브리지에 왔다. 휘플은 과학 도구와 관련된 여러 사회단체에서 활동하며 다양한 도구를 수집하였다. 휘플 박물관은 그가 수집한 천여 점의 과학 도구를 기반으로 1944년에 개관하였다. 현재는 케임브리지 대학의 과학사 및 철학과(Department of History and philosophy of Science)가 박물관을 운영하고 있다.

휘플 박물관에는 예전부터 이어져 온 온갖 종류의 과학 도구들이 전시되어 있다. 현미경이며 나침반, 지구본, 망원경, 계산기, 항해 도구, 해시계뿐 아니라, 초기의 전자 도구와 그림, 사진, 책, 모델 등도 전시되어 있다. 중세의 천문 관찰 도구부터 20세기 초의 산업 기

휘플 과학사 박물관

술까지 다양한 과학 도구들과 관련 책들이 보관되어 있다. 파이(Pye) 같은 케임브리지 기업들이 제작한 시대를 앞선 과학 도구들도 볼 수 있다. 찰스 다윈이 사용한 현미경도 있고, 그의 아들 호레이스 다윈(Horace Darwin)이 제작한 도구도 있다. 스티븐 호킹의 블랙홀 모델도 있다. 심지어 보타닉 가든의 디렉터가 케임브리지 재학생 시절에 필기했던 1930년대의 유전학 강의 노트도 전시되어 있다. 이 자그마

25 호레이스 다윈은 찰스 다윈의 막내아들이자 케임브리지 사이언티픽 인스트루먼트 컴퍼니(Cambridge Scientific Instrument Company)의 설립자이다.

한 박물관이 영국의 관련 분야 박물관 중에서 상위 5위 내에 속한다고 한다. 또 아이들을 위한 체험학습이나 한낮의 강연회, 큐레이터 가이드 등 지역 주민과 함께하는 행사도 자주 열린다.

휘플 박물관의 길 건너 다우닝 사이트에는 1904년 문을 연 세지윅 자연사 박물관(Sedgwick Museum)이 있다. 19세기 케임브리지의 지질학자 애덤 세지윅(Adam Sedwick)의 이름을 딴 이 박물관은 세계적인 화석 컬렉션으로 유명하다. 세지윅은 1818년부터 케임브리지대학 트리니티 칼리지의 교수로 재직하면서 지질학에 대한 열정으로 많은 광물과 화석들을 수집하였다. 그는 케임브리지셔어의 바링튼(Barrington)에서 12만 5천 년 전의 하마와 36센티미터나 되는 큰 거미 화석을 발견하기도 하였다.

세지윅 교수는 최초로 지리학을 비롯한 자연과학을 도입하며 알버

세지윅 자연사 박물관

트 공과 함께 케임브리지 대학의 개혁을 주도했던 인물이었다. 특히, 그의 명강의는 아주 유명하여 1870년까지 거의 50년간이나 이어졌다. 세지윅은 찰스 다윈의 지리학 스승이기도 했다. 다윈은 세지윅과의 필드 여행 동안 습득한 지리학 기술을 비글호 여행 시에 적용하였다. 그러한 인연 때문인지 박물관 한편에는 찰스 다윈의 비글호 여행과 관련된 사진과 편지, 수집품 등이 전시되어 있었다.

극지방 연구에도 선도적인 영국은 케임브리지에 스콧 극지연구소(Scott Polar Institute)와 스콧 극지박물관(Scott Polar Museum)을 두고 있다. 1912년 영국인 최초로 남극점에 도착했으나 돌아오는 길에 눈보라 속에서 사망한 로버트 스콧(Robert Falcon Scott) 선장과 그의 일행들을 기리기 위한 곳이다. 극지 박물관은 스콧과 그의 대원들이 사용했던 장비와 옷, 사진뿐만 아니라, 극지방의 생활상과 예술품, 야생생물, 탐험 장비 등의 다양한 자료들을 전시하고 있다. 스콧 일행은 자신들이 최초인 줄 알고 남극점에 도착하였으나, 이미 노르웨이의 아문젠 깃발이 꽂혀 있는 것을 발견하고는 매우 실망했다고 한다. 어쩐지 사진 속 그들의 표정이 매우 어두웠다.

시내 북쪽의 케임 강변, 케임브리지의 국제 무역 박람회가 수백 년간 열렸던 스투어브리지 커먼(Stourbridge Common) 근처에 위치하는 기술박물관(Museum of Technology)은 멀리서도 높은 굴뚝이 보여 위치를 쉽게 짐작할 수 있다. 이 박물관의 건물은 원래 케임브리지의 하수 처리장이었다.

1894년 케임브리지 최초로 설치된 하수처리장은 1968년경에는 노후화되어 철거되기 일보 직전이었다. 하지만 하수 처리장은 스팀 엔진 등의 산업고고학적 가치에 주목한 사람들의 끈질긴 노력과 후원에 힘입어 1971년 기술박물관으로 거듭났다. 케임브리지 시의 철거 주장에도 불구하고 꿋꿋하게 기술박물관을 지켜온 사람들의 정성과 응원은 오늘날에도 이어지고 있다. 우리가 방문했을 때에도 전시장 한편에서 흥겨운 음악을 연주하시는 할머니, 할아버지들 덕분에 기계로 가득 찬 박물관 분위기가 한층 밝아졌다.

기술 박물관은 매주 일요일에만 열린다. 그것도 겨울에는 매월 첫째 주 일요일에만 열려 시간 맞추기가 어려웠다. 하지만 어느 주말 찾아간 박물관은 생각보다 흥미롭고 인상적이었다. 예전의 하수 펌프장에서 사용되었던 스팀 엔진과 가스 엔진, 보일러, 펌프, 스토커 이외에 전화기, 인쇄기, 오래된 컴퓨터 등 케임브리지의 주요 산업 유물이 전시되어 있었다. 케임브리지 기업 파이(Pye)가 초기에 제작했던 텔레비전도 한편에 자리 잡고 있어 어릴 적 향수를 불러일으켰다.

높은 굴뚝이 멀리서도 보이는 기술박물관에는 각종 산업 유물이 전시되어 있다.

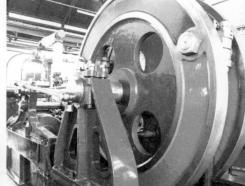

한 남자의 꿈이 실현된 작은 미술관, 케틀스 야드

캐슬 스트리트의 케임브리지 민속 박물관옆에는 '케틀스 야드(Kettle's Yard)'라는 간판이 보인다. 그 길을 따라가면 작은 미술관을 만날 수 있다. 크고 화려한 미술관은 아니지만, 예술에 대한 사랑과 열정, 우정이 녹아 있는 그 분위기가 좋아 종종 찾던 곳이다.

케틀스 야드 가는 길

정원에 둘러싸인 케틀스 야드의 모습

　케틀스 야드 주변은 중세 이후로 상인들이 모여 살던 커뮤니티였다. 케틀스 야드라는 이름은 11세기경부터 살던 케틀이라는 가문 명에서 비롯되었다. 18세기 케틀 가는 그 자리에 극장을 지었으나, 학생들의 타락을 우려한 대학의 반대로 금방 문을 닫아야 했다. 그 후로 주변은 폐허가 된 채 방치되어 작은 집들과 작업장, 술집, 가게들이 모인 가난하고 지저분한 슬럼가가 되었다. 1956년 이곳에 남아 있던 네 채의 작은 집을 사들여 케틀스 야드라는 미술관을 만든 사람은 짐 에디(Jim Ede)라는 전직 큐레이터였다.

　짐 에디는 케임브리지에서 고등학교에 다니던 시절부터 미술의 세계에 빠져들었다. 그는 런던에서 미술 대학에 다녔으나, 화가 대신 큐레이터의 길을 걸었다. 테이트 갤러리(Tate Gallery)에서 십여 년 이상 현대미술 큐레이터로 일하던 그는 크리스토퍼 우드(Christopher Wood), 벤 니콜슨(Ben Nicholson), 데이비드 존(David Jones) 등의 현대 예술 가들과 절친한 관계를 맺었다. 스스로 '예술가들의 친구'로 불리는 것을 좋아했던 에디는 런던에서 활동하던 재능있는 예술가들의 작품을 조금씩 사들였다. 큐레이터 급여가 그리 높지 않았기에 그는 아직 널리 알려지지 않았으나 가치 있는 작품들을 저렴하게 사들였다.

케틀스 야드에 전시된 헨리 고디예브제스카(Henry Gaudier-Brzeska)의 작품은 예술평론가이자 수집가로서의 에디의 명성을 높여주었다. 독일의 예술가이자 조각가인 고디예브제스카는 재능은 있었으나, 23세의 젊은 나이에 사고로 세상을 떠나고 말았다. 에디는 무명이었던 고디예브제스카의 작품을 알리기 위해 많은 에너지를 쏟

고디예브제스카의 작품으로 가득한 다락방

았다. 에디가 출판한 책은 베스트셀러가 되어 고디예브제스카를 배우는 학생들의 기본 교재가 되었다. 케틀스 야드의 작은 다락방에는 고디예브제스카의 작품들로 가득했다.

에디는 사십 대 초반에 일찌감치 테이트 갤러리를 은퇴한 후, 프랑스와 모로크 등에 오랫동안 머물며 예술에 대한 강의와 저술 활동을 했다. 1956년 마침내, 케임브리지로 돌아온 그는 자신이 모은 많은 작품을 전시하기 위하여 케틀스 야드라는 네 채의 황폐한 하우스를 사들여 리모델링하였다. 에디는 박물관이나 미술관의 엄격한 분위기가 아닌 자유로운 일상생활 속에서 즐기는 예술을 추구했다. 마치 집에 있는 것과 같은 편안한 분위기 속에서 예술을 즐겨야 한다는 것이 그의 신조였다.

케틀스 야드는 에디의 생활 공간이었을 뿐 아니라, 예술품을 감상할 수 있는 곳으로 1957년부터 매일 평일 오후에 오픈해왔다. 당시만 해도 가까운 곳에서 현대 예술을 즐길 만한 곳이 거의 없었기에

관람객을 맞아주는 케틀스 야드 직원

케임브리지 학생들뿐 아니라 지역 예술가들이 케틀스 야드에 모여들었다. 에디는 부인과 함께 16년간 케틀스 야드에 머물며 직접 모든 작품을 세심하게 관리하고 전시했다. 1973년 건강이 악화된 부인을 따라 에딘버러로 떠나기 몇 해 전, 그는

케틀스 야드 전체를 케임브리지 대학에 기부하고 자신은 명예 큐레이터로 남았다.

오늘날에도 케틀스 야드는 그가 있을 때와 거의 변함없이 운영된다. 월요일을 제외한 매일 오후에 문을 연다. 하우스의 문을 두드리면 곧이어 문이 열리며 직원이 친절하게 맞아준다. 한꺼번에 너무 많은 사람들이 몰리지 않도록 때로는 밖에서 조금 기다려야 한다. 물론 입장료는 공짜다.

케틀스 야드에는 1층 갤러리부터 다락방까지 100여 명 이상의 현대 예술가들의 작품이 구석구석에 전시되어 있다. 꼼꼼히 감상하려면 시간이 좀 걸린다. 편안한 분위기에서 예술을 즐기자는 에디의 의도에 따라 보통의 미술관처럼 작품명이나 작가가 표시되어 있지 않다. 궁금한 것은 여러 군데에 비치된 가이드북을 펼쳐 보거나, '무엇이든 물어보세요.' 하는 표정으로 곳곳에 서 있는 직원들에게 물어보면 된다. 직원들은 모두 케임브리지 대학 소속의 자원봉사자들이다. 그리고 정말 내 집인 양 푹신한 소파나 의자에 앉아 편안하게 작품을 감상할 수 있다. 앉아서 감상하는 사람의 시선을 고려하여 바닥 근처나 꽤 낮은 벽면에 전시된 그림들도 여럿 있다.

우리의 일상생활이나 자연에서 접하는 많은 것들이 그 자체의 아름다움과 예술성을 지닌다고 생각한 에디는 그림뿐 아니라 돌, 유리, 도자기, 조각, 마른 풀과 꽃들, 조개 등 다양한 오브젝트들도 전시하였다. 그는 빛과 어둠, 시각적 동선, 전체로서의 연결성과 조화 등을

케틀스 야드의 편안한 전시 공간

세심하게 고려하였다. 에디가 노년에 집필한 『A Way of Life』라는 책에는 그의 전시 방식과 의도가 잘 나타나 있다. 에디와 부인 헬렌이 사용했던 낡은 침대와 의자, 그릇 등도 마치 작품의 일부처럼 그대로 남아 있다.

케틀스 야드 안으로 들어서면 바로 오른쪽 벽면에 알프레드 월리스(Alfred Wallis)라는 화가의 「바닷가 풍경(Seascape)」이라는 작품이 걸려 있다. 그리고 그 아래의 백랍 접시에는 항상 신선한 레몬이 놓여 있었다. 레몬이 왜 이곳에 놓여 있는 걸까. 자원봉사 직원에게 묻자, 그는 바로 옆면의 미로(Miro)라는 화가의 작품을 가리켰다. 그림 속의 노랑 점과 레몬이 조화를 이루며 관람객의 시선을 모으기 위한 짐 에디의 전시 방식을 계속 이어가고 있는 것이라 했다.

항구나 배, 등대, 바닷가 풍경이 주를 이루는 알프레드 월리스의 그림이 케틀스 야드에 전시된 것은 순전히 우연함에서 비롯되었다.

레몬과 미로의 그림

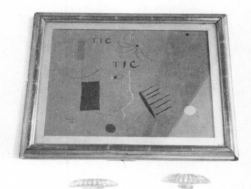

바닷가 풍경을 그린 알프레드 월리스의 그림들

원래 가난한 어부이자 고철 상인이었던 이 노령의 화가는 부인이 세상을 떠난 후 칠십 대가 되어서야 그림을 그리기 시작했다. 하지만 그의 그림은 팔리지 않았다. 짐 에디의 절친한 친구이자 화가인 크리스토퍼 우드는 파리에서 활동하다가 영국의 아름다운 해안 도시 콘월에 머물며 작품을 그렸다. 그러던 어느 날, 근처의 작은 바닷가 마을에서 우연히 알프레드 월리스의 그림을 발견하고는 그 순진무구함에 반하였다. 그는 곧장 에디에게 알렸고, 에디는 알프레드 월리스의 그림을 수십 점 사들였다. 크기에 따라 1실링에서 3실링 정도의 아주 싼 가격이었다고 한다. 알프레드 월리스가 그린 바닷가 풍경 그림들은 마치 어린아이가 그린 듯 꾸밈이 없다. 오늘날 케틀스 야드의 2층 도서관으로 이어지는 통로 벽면은 그의 그림들로 꽉 차 있다.

케틀스 야드의 오래된 하우스 옆에는 현대식으로 지은 작은 갤러리가 있다. 1970년 이후 늘어난 작품들을 수용하고 특별 전시와 음악회 등의 다양한 활동들을 지원하기 위해 기존의 하우스를 확장한 곳이다. 케틀스 야드에 음악이 꼭 함께 해야 한다는 에디의 바람이 실현된 곳이기도 하다. 갤러리에서는 특별 전시전과 음악회뿐 아니라 지역 주민과 함께하는 다양한 행사들이 연중 열렸다.

매주 일요일에는 갤러리에서 '스튜디오 선데이(Studio Sunday)'라는 가족활동 이벤트가 열렸다. 아이들을 위한 미술 활동을 기대하며 우리 가족도 참여한 적이 있었다. 어린아이들이 부모와 함께 타임캡슐 같은 기억 저장 박스를 만드는 활동이었다. 내용은 간단했다. 스튜디오에 잔뜩 쌓여 있는 쓸모없는 잡지나 신문 중에서 마음에 드는 사진을 오려내어 종이 박스에 붙이는 것이었다. 참여한 아이들 중 연장자(?)에 속했던 우리 아들, 처음에는 다소 시시해하는 눈치였으나, 나름의 의미와 패턴을 부여하며 열심히 사진을 찾아 오리고 붙여 나가는 과정에서 점점 몰입하며 즐거워했다. 버려진 잡지 속에서 결국 우리 가족의 소중한 기억을 저장하는 상자가 탄생했고, 지금도 추억의 편지와 카드, 사진 등을 보관하는 데 사용되고 있다.

음악회도 케틀스 야드의 주요 행사 중 하나이다. 전문 연주가들의 공연뿐 아니라, 대학생들의 연주회도 활발하다. 간만에 햇볕이 쨍하던 5월의 어느 금요일 오후, 우리는 케틀스 야드의 런치타임 콘서트에 갔다. 콘서트는 매주 금요일 12시 15분부터 갤러리 건물에서 열렸다. 아직 문을 열지 않은 갤러리 입구에는 이미 많은 사람들이 서성이며 기다리고 있었다. 점심시간을 이용하여 45분 동안 하는 간단한 콘서트이지만, 시간이 되자 많은 사람이 모여들었다. 젖먹이 갓난아기를 유모차에 태워 온 젊은 엄마도 있었고, 관광객인 듯 커다란 배낭을 짊어진 청년도 있었다. 손을 꼭 잡은 다정한 모습의 노부부는 음악이 일상인 듯 꽤 진지하게 경청했다. 연주자는 대개 케임브리지 대학에서 음악을 공부하는 학생들이었다. 우리가 갔을 때에도 케임브리지 음악 대학을 막 졸업한 아시아계 학생이 바이올린을 연주했다. 간단한 해설을 곁들이며 세 곡을 연주했는데, 마지막 곡은 청바지 차림에 나비넥타이를 맨 앳된 얼굴의 대학생이 피아노 협연을 했다. 들어본 적 없는 어려운 현대 음악이었지만 분위기에 취해서인지 전혀 지루하지 않았다. 지역민들과 음악과 미술을 함께 즐기는 공간을 만들고자 했던 한 남자의 꿈이 이렇게 많은 사람을 행복하게 하는구나 하는 감동마저 밀려왔다.

케틀스 야드는 아쉽게도 2015년 5월부터 일시적으로 문을 닫은 상태다. 갤러리를 확장하여 교육공간과 카페 등을 포함한 복합 문화 공간으로 만들기 위한 펀드를 지원받았기 때문이다. 짐 에디가 살았던 오래된 하우스는 안전상의 이유로 함께 문을 닫지만 손대지 않고 그대로 보전한다고 한다. 다행이다 싶었다. 오래된 하우스의 모습이 아닌 케틀스 야드는 상상할 수 없기 때문이다. 하우스만큼은 지금 그대로의 모습으로 오래 남아 있길 바란다. 다시 케임브리지를 찾았을 때 변치 않은 친구처럼 그 자리에 그 모습 그대로 있길 바라는 사람은 비단 나뿐만이 아닐 것이다.

왓슨과 크릭이 DNA 발견을 외친 동네 펍

간혹, 한국에서 오는 손님을 맞이할 때에 자주 들리는 식당이 있었다. 케임브리지 시내 한복판에 있는 이글(Eagle)이라는 동네 펍(pub)이었다. 펍은 영국인들이 편안하게 밥도 먹고 술도 마시는 대중음식점이다. 겉에서 보기에 이글은 독수리 상이 걸려 있는 것이외에 여느 펍과 크게 다르지 않다. 하지만 재미있는 이야기를 담고 있어서일까, 늘 사람들로 붐벼 자리 잡는 게 어려울 지경이었다. 아마도 이글의 출입문 양쪽에 걸려 있는 명판을 읽어 본다면 인기의 비결을 짐작할 수 있을지도 모르겠다. 16세기부터 시작된 이글의 역사를 간략히 소개하는 갈색의 커다란 명판과, 왓슨과 크릭이 DNA 이중나선 구조를 발견했다는 내용의 푸른 색 명판을 본다면 말이다.

이글의 입구

    좁고 오래된 책상들, 창가가 아니면 낮에도 어두운 실내조명, 옛날 사진이나 장식들로 가득 찬 벽과 천장 등 이글의 내부도 보통의 영국 펍들과 크게 다르지 않다. 좀 더 안쪽으로 들어가면 한쪽 구석의 어두운 조명 속에서 왓슨과 크릭의 사진과 DNA 발견이라는 명판이 희미하게 보인다. 이글의 특별한 이야기는 이곳에서부터 시작되었다.

    1950년경, 30대의 말 많은 영국인 프랜시스 크릭(Francis Crick)과 미국인 젊은이 제임스 왓슨(James Watson)은 근처의 캐번디시 연구소에서 DNA에 관한 공동 연구를 하고 있었다. 당시 과학자들은 DNA에 유전 정보가 있다는 사실은 알았지만, 그 메커니즘을 아직 몰랐다. 이를 알아내기 위한 경쟁이 전세계의 과학자들 사이에 치열하게 벌어지고 있던 가운데, 1953년 크릭과 왓슨이 DNA 이중나선 구조를 발견하고 그 메커니즘을 규명하였다. 그들은 이중나선 구조를 가지는 DNA가 세포 분열 시 두 가닥으로 풀리면서 스스로 복제

한다는 사실을 밝혀냄으로써, 유전물질을 다음 세대로 전하는 메커니즘을 규명하였다. 이는 인류의 미래를 좌우할만한 뛰어난 과학적 성과 중 하나였고, 현대 유전공학의 눈부신 발전으로 이어졌다. 그 업적으로 노벨 생리학상을 공동 수상한 영예의 두 과학자가 매일 맥주를 마시며 토론했던 곳이 바로 이글이었다. DNA 이중나선 구조를 발견했던 1953년 2월 28일에도 이글에서 맥주를 마시던 두 사람은 외쳤다. "드디어 우리가 생명의 비밀을 발견했노라!"

그런데 크릭과 왓슨의 사연을 알리는 명판 아래로 또 다른 명판이 있었다. 조명이 너무 어둡고 글씨도 작아 잘 보이지 않았다. 가까이서 살펴보니 DNA 이중나선 구조 그림과 함께 로잘린 프랭클린(Rosalind Franklin)이라는 낯선 이름이 보였다. 그 후 이런저런 자료와 전해지는 이야기를 통해 그녀를 알게 되었다.

The Eagle, Cambridge
Discovery of DNA

On this spot, on February 28, 1953, Francis Crick and James Watson made the first public announcement of the discovery of DNA with the words "We have discovered the secret of life". Throughout their early partnership Watson & Crick dined in this room on six days every week.

왓슨과 크릭이 자주 토론을 하던 이글의 자리에 명판과 사진이 걸려 있다.

로잘린 프랭클린은 케임브리지 대학의 뉴햄 칼리지를 졸업한 후, 런던의 킹스 칼리지에서 엑스레이(x-ray) 결정학 기술을 연구하던 중에 왓슨과 크릭의 연구에 참여하게 되었다. 잘 알려지지 않았지만, 왓슨과 크릭이 DNA 이중나선 구조를 발견하고 메커니즘을 규명할 수 있었던 것은 사실 그녀가 만들어낸 엑스레이 사진 덕분이었다. 하지만 그녀는 핵심적인 기여에도 불구하고 주위로부터 거의 인정을 받지 못한 채 37세의 젊은 나이에 암으로 사망하였다. 엑스레이 방사선을 너무 많이 쪼인 탓이었다. 심지어 왓슨과 크릭도 그녀를 공동 연구자로 대접하지 않았다. 왓슨의 자서전 『이중나선(The Double Helix)』에는 로잘린의 연구에 대한 고마움보다는 그녀의 옷차림과 머리, 심지어 립스틱에 대한 언급이 있을 뿐이었다. 아마 당시는 여성이 대학 학위를 받을 수 있게 된 직후인지라 여성에 대한 편견과 차별적 시각이 만연했던 것 같다. 하지만 그녀의 안타까운 사연과 공로는 뒤늦게 많은 사람들에게 알려졌다. 뉴햄 칼리지도 1995년 새로 지은 건물에 그녀의 공적을 기리는 이름을 새겼다.

크릭은 2004년에 사망했지만, 왓슨은 아직 생존해 있다. 이제 80대 후반의 왓슨은 자신의 의견을 거침없이 말하는 사람으로도 유명했다. 특히, 인종이나 성에 대한 그의 발언은 많은 논란을 불러일으켰다. 2007년 왓슨은 센데이 타임즈와의 인터뷰에서 흑인의 지적 능력이 백인보다 열등하다는 의견을 피력했다가 큰 파장을 불러일으켰다. 당시 재직했던 뉴욕의 롱 아일랜드(Long Island)의 콜드 스프링(Cold Spring) 연구소로부터도 징계를 받았다. 그 후, 왓슨은 강연이나 기업 이사회 등 모든 공적 생활로부터 배제된 채 불명예스러운 말년을 보내고 있었다.

그런데 2014년 12월 왓슨은 노벨상 수상 시 받은 금메달을 경매에 내놓았다. 콜드 스프링 연구소를 비롯하여 자신을 키워준 기관에 기부하고 사죄하기 위해서라고 했다. 한 시대의 최고 과학자인 그가 잘못된 발언으로 꽤 외롭게 지냈던 것 같다. 그는 생전에 메달을 경매에 내놓은 최초의 노벨상 수상자가 되었다.

왓슨의 메달은 4백만 달러(한화 약 48억 원) 정도에 팔렸다. 이미 사망한 크릭의 금메달이 2013년 그의 가족들에 의해 2백만 달러(한화 약 24억 원) 정도에 팔린 것에 비하면 상당히 높은 가격이었다. 왓슨은 메달뿐 아니라 노벨상 수락 연설을 위해 스톡홀름 그랜드 호텔에서 작성한 메모와 강연 노트도 각각 36만 5천 달러(한화 약 4억 4천만 원)와 24만 5천 달러(한화 약 3억 원)에 팔았다. 그는 판매금으로 콜드 스프링 연구소와 케임브리지 대학 등에 기부하겠다고 했다. 이제 과학자로서 최고 명예의 상징인 노벨상 메달은 그의 손에서 떠날 거라고 했다.

그런데 놀라운 반전이 이루어졌다. 왓슨의 메달을 산 사람은 다름 아닌 러시아의 최고 부자로, 영국의 아스날 축구 구단을 소유한 알리셔 우스마노프(Alisher Usmanov)였다. 그는 노벨상 메달은 최고의 과학자가 지니고 있어야 한다며 왓슨에게 메달을 돌려주기 위해 자신이 메달을 샀다고 밝혔다. 한편의 반전 드라마가 아닐 수 없다. 이제 왓슨은 메달을 지닌 채 기부도 할 수 있게 되었다. 하지만 그가 바라던 대로 공적인 명예를 회복하고 예전처럼 다시 원활한 사회생활을 할 수 있을지는 좀 더 지켜보아야 할 것이다.

DNA 발견 이외에도 이글 펍에는 여러 사연들이 전해져 온다. 그중 하나는 전쟁과 관련이 있다. 이글의 안쪽에는 2차 세계대전 당시 공군들이 모여서 술을 마시던 RAF 바(Bar)가 있다. RAF는 로얄 에어포스(Royal Air Force)의 줄임말로, 2차 세계대전 시 독일군과 싸우던 영국과 미국의 공군 대대를 말한다. 당시 케임브리지 근처의 RAF 기지에 있던 많은 파일럿들이 이글 펍으로 모여들었다. 전쟁의 어려움 속에서 군인들은 술을 마시며 라이터와 촛불로 펍의 천장을 그을려 자신의 이름과 대대 번호 등을 새겨 넣곤 했다. 생사를 가늠하기 어려운 전쟁터에서 언제 어떻게 사라질지 모르는 자신들의 숙명을 받아들이며 뭔가 흔적을 남기고 싶었던 걸까? 그 흔적이 아직 그대로 선명히 남아 있다. 젊은 파일럿들의 애달픈 마음이 전해지는 것만 같아 고개를 들어 쳐다볼 때마다 마음이 짠하다. RAF 바에는 당시 공군들이 입던 제복과 장식들, 사진 등도 전시되어 있다.

사실 이글의 역사는 16세기까지 거슬러 올라간다. 이글의 원래 이름은 이글앤차일드(Eagle & Child)였다. 똑같은 이름의 식당이 옥스퍼드 대학 근처에도 있다. 옥스퍼드의 그 식당은 『반지의 제왕』과 『이상한 나라의 앨리스』 등을 탄생시킨 유명 작가들이 모여 문학 모임을 하던 곳으로 지금도 같은 이름을 사용한다.

케임브리지의 이글앤차일드는 예전에 마차가 출발하던 여관

(Coaching Inn)이었다. 케임브리지의 세닛 하우스에서 런던으로 가는 공공 마차 서비스가 최초로 시작된 것은 1635년이었다. 도로가 정비되면서 18세기부터는 부자들이 마차 여행을 즐겼다. 케임브리지에서 런던까지는 마차로 15시간 정도 걸렸다. 마차 여행이 활발해지면서 숙박시설(inn)들도 성행했다. 케임브리지 민속 박물관 자리에 있던 화이트 호스인(White horse inn)이나 이글(Eagle) 앞에서는 런던과 옥스퍼드, 버밍엄, 맨체스터 등 영국의 주요 도시로 가는 마차가 19세기 초까지 매일 출발했다. 그곳에서 마차 승객들은 밥을 먹고 씻고 숙박을 했으며, 말도 먹이를 먹고 교대를 했다.

이글은 18, 19세기에 존 모트록(John Mortlock)이 설립한 루트랜

이글의 RAF 바.
천장에 2차 세계대전에 참전한 파일럿들이 새긴 낙서가 그대로 남아 있다.

드 클럽(Rutland club)이라는 정치 클럽의 본부가 되기도 했다. 존 모트록은 많은 땅을 소유한 사업가로 1780년에 케임브리지 최초의 은행을 설립하고, 시장을 13번이나 했던 입지전적인 인물이었다. 이글에서도 가까운 지찌(Zizzi)라는 이탈리안 레스토랑 건물은 예전에 존 모트록이 설립한 케임브리지 최초의 은행이 있던 곳이었다. 하지만 이글에 있던 정치 클럽은 뇌물과 부패의 온상으로 존 모트록이 수십 년간 케임브리지를 장악하도록 만든 주역이었다. 자자손손 권력을 이어갔는지 그의 아들은 9번, 손자는 4번이나 케임브리지 시장을 했다고 한다.

1840년 케임브리지에 기차역이 생기자 마차는 점점 사라졌는데, 이글도 예외가 아니었다. 그 후 이글은 호텔과 식당, 사무실로 바뀌었다가 근래에 현재와 같은 모습으로 단장하였다. 이글은 이제 그 이야기가 널리 알려져 관광객들이 자주 찾는 명소 중 하나가 되었다. 펍에 자주 오던 손님이 어느 날, 노벨상을 받는 유명한 과학자가 되자 그 자리를 잘 보전하여 널리 알리고 이롭게 하는 것, 그리 흔한 일은 아닐 것이다. 스쳐 지나가는 역사의 한 조각도 놓치지 않고 소중히 보듬어 보전하고 현명하게 이용하는 데 영국인들은 오랜 세월 도가 튼 것만 같다.

💡 케임브리지의 맛집

1 The Sea Tree   영국 전통 음식인 '피쉬 앤 칩스(Fish and Chips)'의 제맛을 볼 수 있는 집이다. 영국 전역에서 맛있는 피쉬 앤 칩스 집으로 선정되기도 했다. (포장 가능, 예산: 8~15파운드/1인당)

주소   Unit 13-14, The Broadway, Mill Rd, Cambridge CB1 3AH

2 The Cambridge Chop House   정통 등심 스테이크 등의 브리티쉬 비프(Beef)를 맛볼 수 있다. (예산: 20~30파운드/1인당)

주소   1 King's Parade, Cambridge CB2 1SJ

3 The Eagle Cambridge   DNA 이중 나선구조를 발견한 왓슨과 크릭이 자주 식사하던 펍으로 유명해진 곳이다. 현지 맥주 등과 함께 피쉬 앤 칩스, 로스트 비프(Roast beef), 수제 햄버거 등의 영국 요리를 맛볼 수 있다. (예산: 10~15파운드/1인당)

주소   8 Benet Street, Cambridge CB2 3QN

④ **Coast** 케임브리지 시내에서 맛볼 수 있는 영국 전통 잉글리쉬 브랙퍼스트(Full English Breakfast)와 신선한 피쉬 앤 칩스를 판매하는 가게이다. (포장 가능, 예산 6~10파운드/1인당)

> 주소 15 Trinity St, Cambridge, CB2 1TB

⑤ **Jamie's Italian Cambridge**
영국의 유명 셰프 제이미 올리버가 운영하는 체인점으로, 영국식 이탈리안 레스토랑이다.

(예산: 15~20파운드/1인당)

> 주소 The Old Library, 2 Wheeler St, Cambridge CB2 3QJ

⑥ **Pizza Express** 전국 체인이며 얄팍한 피자 위에 샐러드를 잔뜩 올려 주는 등 영국식 피자 맛을 느낄 수 있다. (예산: 10~15파운드/1인당)

> 주소 7a Jesus Lane, Cambridge CB5 8BA

⑦ **Zizzi** 전국 체인의 이탈리안 레스토랑이다.
(예산: 10~15파운드/1인당)

> 주소 16 Bene't Street, Cambridge CB2 3QN

⑧ **Nando's** 전국 체인으로 매콤한 양념이 한국인 입맛에 맞는 포르투갈식 치킨 요릿집이다. (예산: 10파운드/1인당)

> 주소 33-34 St. Andrews Street, Cambridge CB2 3AR

⑨ GBK (Gourmet Burger Kitchen) 전국 체인으로 수제 햄버거의 제 맛을 느낄 수 있는 가게이다. (예산: 10파운드/1인당)

`주소` 43-45 Regent Street, Cambridge CB2 1AB

⑩ The Oak Bistro 조금 고급스러운 양식 코스요리를 먹을 수 있다. (예산: 20~30파운드/1인당)

`주소` 6 Lensfield Rd, Cambridge CB2 1EG

⑪ Wasabi Sushi & Bento 밥이 생각날 때 저렴하게 먹을 수 있는 도시락 가게로 우동, 초밥, 돈가스 카레 등 일본식 메뉴가 주를 이룬다. (예산: 5~10파운드/1인당)

`주소` 23 Petty Cury, Cambridge CB2 3NB

⑫ Aunties Tea Shop 케임브리지에서 가장 맛있는 스콘과 티를 먹을 수 있는 가게이다. (예산: 5~10파운드/1인당)

`주소` 1 St Mary's Passage, Cambridge CB2 3PQ

⑬ Pret a Manger 전국 체인이며, 다양한 영국식 샌드위치 맛을 느낄 수 있다. (예산: 5파운드/1인당)

`주소` 22 Market Street, Cambridge CB2 3NZ

지적 문화의 산실, 도서관과 서점

대학도시 케임브리지가 주는 또 하나의 자극은 뭔가 모를 지적인 분위기였다. 노년층이 많은 다른 지방 도시들과는 달리 책가방을 메고 바삐 오가는 젊은 학생들이 많아서인지 거리는 늘 활기찬 모습이었다. 케임브리지 시내에 도착하자마자 칼리지 다음으로 궁금했던 건 다름 아닌 도서관과 서점이었다. 그런데 중세의 좁은 골목과 건물들 사이에서 처음에는 눈에 잘 뜨이지 않았다. 거리의 안내판에서 '센트럴 라이브러리(Central Library)'라는 표시를 발견하고는 곧장 찾아갔다.

영국의 대표적인 커피 체인점인 코스타(Costa)를 비롯하여 스타벅스 등의 커피숍과 옷 가게, 신발 가게 등이 즐비한 쇼핑가 라이온 야드(Lion Yard)의 한편에 케임브리지 시가 운영하는 중앙도서관이 있었다. 사서에게 이용 방법을 묻고 생년월일과 주소를 말하니 책과 무료 와이파이를 이용할 수 있는 도서관 카드를 즉석에서 만들어 주었다. 그 후 그 카드는 정말 요긴하게 쓰였다. 우리는 수시로 도서관을 드나들었다. 책을 읽거나 빌리러, 원고를 쓰러, 아이의 숙제를 하러, 때로는 푹신한 소파에서 쉬며 신문을 읽으러 들렀다. 여러 가지 다양한 책들을 무료로 보고 빌릴 수 있을 뿐 아니라 예약을 통해 다른 도서관의 책들도 받아 볼 수 있었다. 2파운드 정도면 영화 DVD도 빌릴 수 있었다. 게시판을 통해 여러 가지 이벤트 정보도 자주 얻었다.

영국의 힘이 동네마다 있는 작은 도서관에서 비롯되었다는 말을 실감할 수 있었다. 이 중앙 도서관에는 이제 막 걸음마를 시작한 어린이부터 대학생과 할머니, 할아버지까지 다양한 지역민들이 찾아와 책을 읽었다. 부담 없이 이런저런 신문이나 잡지를 보는 어르신들, 보고서 작성이나 시험공부를 가열하게 하는 대학생들, 어학연수를 온 듯한 외국 학생들, 엄마와 함께 어린이 책 속에 파묻혀 노는 아이들, 정말 많은 부류의 사람들이 도서관을 마치 제집 드나들 듯이 했다. 우리 아이도 여름 방학숙제로 도서관 책을 읽고 스티커를 받는 행사에 참여했다. 가끔은 거리의 노숙자 같은 사람들이 소파에서 책을 읽거나 잠을 자기도 했다. 처음에는 누가 관리 좀 해주었으면 하는 마음도 있었지만 이내 적응했다. 여간해서는 속내를 드러내지 않는 영국인들이라 그런지 아무도 신경 쓰거나 내색하지 않았고, 그들 또한 남에게 피해 주지 않고 조용히 있다 떠나곤 했다.

중앙도서관 3층에 있는 케임브리지셔어 컬렉션(Cambridgeshire

Collection)은 케임브리지에 관한 궁금증을 해소하는 데 많은 도움이 되었다. 19세기 중반 무렵에 생긴, 케임브리지에 관한 온갖 문서와 기록, 책들을 모아 놓은 방이다. 케임브리지의 지역사(local history)나 가족사(family history)에 관심이 있는 사람들은 언제든지 자료를 찾고 도움을 요청할 수 있다. 우리 역시 자주 드나들면서 케임브리지의 아주 오랜 역사부터 최근 발행된 책들까지 뒤적였다. 백년 전에 발행된 신문들도 마이크로필름을 이용하여 검색할 수 있었다. 이따

케임브리지 시 중앙도서관 입구

금 연세 지긋하신 분들이 열심히 마이크로필름이나 문서들을 뒤적이며 연구하시는 모습을 볼 수 있었다. 지역이나 역사에 대한 애정은 나이가 들수록 커지는가 보다. 그만큼 회상하고 곱씹어 볼 만한 일들이 많기 때문일까.

중앙도서관에 대한 개인적 애정과는 별도로 케임브리지에서 가장 유명한 도서관은 아마도 케임브리지 대학 도서관(Cambridge University Library)일 것이다. 케임브리지 대학 도서관은 케임 강을 건너 클레어 칼리지(Clare College) 근처에 위치한다. 시내 중심부로부터 10여 분 정도 걸어야 한다. 영국의 빨간 공중전화 부스를 설계한 길버트 스콧(Giles Gilbert Scott)이라는 건축가가 도서관 건물을 설계했다. 그 때문인지 멀리서도 보이는 사각형의 도서관 타워는 영국의 빨간 공중전화 부스를 닮은 듯도 하다. 사실 주민들은 밋밋하고 멋없는 도서관의 건물 모양새가 마치 창고나 공장, 심지어 세탁기 같이 생겼다면서 좋아하지 않았다고 한다. 도서관 내부 역시 미로처럼 복잡해 보였다. 하지만 워낙 많은 자료를 소장하고 있어 대학생과 연구자들에게는 꼭 필요한 곳이다. 케임브리지 대학 도서관은 영국에서 출판되는 모든 도서를 보관하는 다섯 곳 중의 하나로 현재 6백만 권 이상의 책을 소장하고 있다. 책장 길이만 해도 약 150킬로미터나 된다. 매년 거의 10만여 권의 새 책들이 들어와 3킬로미터 정도의 책장이 추가로 필요하다니 물리적 공간 마련에 애를 먹을 것도 같다.

1934년 케임브리지 대학 도서관이 생기기 이전까지 대학은 세닛 하우스 옆의 올드 스쿨(Old School)이라는 건물에 도서관을 두어, 1300년대부터 책을 모았다. 인쇄술이 발달하지 않은 초창기에 책은 개인 소유가 아닌 공동 이용의 대상이었다. 책은 보물처럼 나무 상자에 넣어 열쇠를 채워 보관하였다. 그만큼 책에 대한 접근이 쉽지 않았을 것이고, 책의 양도 이용자도 적었을 것이다.

15세기에 인쇄술이 보급되어 책의 제작 비용이 낮아지자 점차 많은 책이 출판되었다. 새로운 인쇄 기술은 케임브리지에 많은 일자리를 창출했다. 책을 만들고 거래하는 일, 칼리지에서 책을 관리하는 일, 심지어 무거운 책들을 강의실로 옮기는 일 등을 하는 사람들이 생겼다. 2백여 권의 책으로 시작된 올드 스쿨의 도서관은 케임브리지 대학 도서관이 생기기 전까지 5백 년 동안이나 지속되었고, 나중에는 책이 백만 권 이상으로 늘어났다.

눈에 잘 뜨이지는 않지만, 케임브리지에는 곳곳에 도서관들이 많다. 칼리지 별로, 그리고 각 과별로 제각기 도서관을 두고 있어 총 백여 개 이상의 도서관이 있다고 한다. 칼리지 도서관에는 기본적으로 멤버들만 출입할 수 있다. 하지만 멤버가 아니더라도 특별한 자료를 찾거나 연구를 위하여 사전에 연락을 취하면 이용할 수도 있다.

대학의 오픈 케임브리지(Open Cambridge) 행사 때에는 칼리지들이 도서관을 개방했다. 최근의 도서관보다는 중세에 만들어진 올드 라이브러리(Old Library)를 둘러보는 재미가 좋을 것 같아 몇 곳을 방문했다. 중세 시대에 책을 상자에 보관하던 칼리지들은 책의 분량이 늘어나 한계에 달하자 각기 도서관을 만들기 시작했다. 지저스 칼리지의 올드 라이브러리는 1500년대에 만들어진, 케임브리지에서 가장 오래된 도서관 중의 하나이다. 이 도서관은 칼리지의 중앙에 위치하는데 그 옆이 바로 칼리지를 책임지는 마스터의 방이었다. 트리니티 홀(Trinity Hall)의 도서관도, 클레어 칼리지(Clare College)의 도서관도 마스터의 방과 직접 연결되어 있었다. 그만큼 책은 중요했다. 일부 도서관에서는 도난 방지를 위해 책을 쇠사슬로 묶어 자물쇠로 채웠다. 또, 대부분 도서관들이 1층에 남북 방향으로 위치했는데, 이는 자연 채광을 돕고 화재나 홍수, 도난을 방지하기 위해서였다.

칼리지 도서관들 중에서도 특히나 주목받는 도서관들이 있다. 크리스토퍼 렌이 설계한 트리니티 칼리지의 렌 라이브러리(Wren Library)는 건축학적으로 뛰어날 뿐 아니라 많은 고문서를 보관하고 있다. 또, 영국에서 가장 오래된 앵글로 색슨 시대의 고문서와 성경 등을 보관하고 있는 코퍼스 크리스티 칼리지의 파커 라이브러리(Parker library)는 건축학적 특징보다는 책의 가치가 높은 것으로 주목받고 있다. 모들린 칼리지(Madaglene College)의 핍스 라이브러리(Pepys library)에는 17세기 영국 사회의 단면을 알 수 있는 새뮤얼 파피(Samuel pepys)의 일기가 보관되어 있다.

도서관 다음으로 지적 호기심을 충족시킬 수 있는 곳은 서점이었다. 케임브리지 시내에는 대형 서점이 두 곳 있다. 다른 대도시에도 있는 워터스톤(Waterstone)과 헤퍼스(Heffers)이다. 우리나라 교보나 반디앤루니스처럼 두 서점에는 온갖 장르의 책들이 잘 구비되어 있다. 난 워터스톤 서점을 좀 더 좋아했는데 곳곳에 편안한 의자를 배

케임브리지의 작은 서점들

치하여 부담 없이 책을 읽을 수 있기 때문이다.

WHSmith라는 곳은 문구점과 잡화점, 서점을 겸한 곳이다. 구비된 책의 범위는 적은 편이지만 파격적으로 싸게 파는 책들이 늘 있었다. 2, 30파운드 짜리 두툼한 요리책을 단 5, 6파운드에 팔기도 했다. 우리 아들은 좋아하는 축구책을 단돈 2파운드에 샀다. 나는 'H for Hawk'[26]라는 베스트셀러를 반값에 손에 넣었다. 모두 헌 책이 아닌 새 책들이다. 책의 유통 구조에 대해서는 잘 모르겠으나 서점마다 같은 책이라도 조금씩 다른 가격으로 팔고 있었다.

소형 서점과 중고 책 서점까지 합치면 케임브리지 시내에 스물다섯 개나 되는 서점이 있다고 하는데, 솔직히 골목골목 어디에 있는 건지 잘 모르겠다. 어느 날, 평소에 잘 다니지 않던 피스힐(Peas Hill) 거리 근처의 작은 골목에서 G.David라는 작은 서점을 발견했다. 알고 보니 이 서점은 1892년부터 운영되어 온 곳이었다. 안에 들어

---

26 최근 한국에서 '메이블 이야기'란 제목으로 번역 출간되었다.

가 보니 겉에서 보기보다 넓었다. 앤틱 코너도 있어 신기하고도 이상한 옛날 책들을 팔고 있었다. 19세기 말, 20세기 초에 만들어진 아주 작은 책, 케임브리지의 희귀한 그림과 지도, 가끔 BBC 방송의 여행 프로그램에서 나오는 것과 같은 옛날 여행 책들도 많았다. 마치 박물관 같았다. 벽에 걸린 흑백 사진을 보니 19세기 말에는 마켓 스퀘어에서 책을 팔고 있었다. 창업자의 증손자쯤 되는 사람이 아직도 서점을 운영하고 있다고 하는데, 우리가 방문했을 때에는 다른 분께서 서점을 지키고 있었다.

G.David의 근처에는 더 작은 중고 서점이 있었다. 실내는 약간 너저분했지만, 주인아주머니는 친절해서 이런저런 책들을 부담 없이 둘러볼 수 있었다. 임대료가 비싼 시내에서 이런 서점들이 적자를 면하며 제대로 운영되고 있는 건지는 잘 모르겠다. 하지만 그냥 그 모습 그대로 케임브리지의 역사와 풍경의 한 페이지를 이루며 존재 자체로 귀한 가치가 있는 것처럼 여겨졌다.

전 세계적으로 유명한 케임브리지 대학 출판사(Cambridge University Press)가 운영하는 서점도 시내에 있다. 마켓 스퀘어에서 트리니티 스트리트로 가는 길가의 흰색 건물이 바로 그곳이다. 이곳은 영국에서 가장 오랫동안 책을 판매해온 자리이기도 하다.

중세 케임브리지 대학은 고정된 장소에서 책을 파는 사람들에게 책 판매권을 주었다. 1403년에는 'Stationers'[27]라는 책 판매상 길드

---

27 고정된 장소에서 비즈니스를 하는 상인을 의미하는 라틴어에서 유래한 'Stationers'는 나중에 문구점을 의미하는 'Stationery'로 바뀌었다.

케임브리지 대학 출판사 서점

가 설립되었다. 초기에는 주로 교회에서 책을 팔다가 양적으로 늘어나자 자연스럽게 거리의 판매상으로 성장하였다. 현재 케임브리지 대학 출판사 서점이 위치한 자리에서는 1581년부터 지금까지 계속 책이 판매되어 왔다. 케임브리지 대학 출판사는 1992년에 그 자리를 인수하였다.

케임브리지 대학 출판사는 세계에서 가장 오래된 출판사이고, 규모 면에서는 옥스퍼드 대학 출판사에 이어 두 번째이다. 1534년 헨리 8세의 허가를 받아 설립된 대학 출판사는 인쇄 권한도 함께 지녔다. 곤빌앤키스 칼리지의 정문 근처에서 한 독일인이 집에서 인쇄하였는데, 이것이 최초의 인쇄소였다. 그가 갑자기 독일로 돌아간 후에는 킹스 칼리지 교수인 토마스 박사(Dr. Thomas)가 인쇄를 맡았다. 트럼핑턴 스트리트의 핏 빌딩(Pitt Building)[28]에 본부를 둔 케임브리지 대학 출판사는 1584년에 첫 책을 발행한 후 성경과 전공서, 영어 교육 등에 관한 다양한 책을 출판하며 수익 일부를 대학에 기부하고 있다.

28　19세기의 최연소 영국 수상 윌리엄 핏(William Pitt)의 이름을 딴 건물이다.

사방 가득한 녹지와 정원

　　삭막한 서울 한복판에 살던 우리 가족이 케임브리지에서 가장 누렸던 호사 중의 하나는 넉넉하게 펼쳐진 녹지였다. 어느 곳을 둘러보아도 푸른 녹지와 잔디, 꽃이 아기자기 핀 예쁜 정원들이 가득가득했다. 우리가 살던 주거지역 근처에는 소를 키우는 넓은 잔디와 방목지도 있었다. 처음 케임브리지에 도착한 후 아빠와 바깥 산책을 하고 돌아온 아들은 "엄마, 조금만 가면 큰 소들이 있어요!" 하며 신이 났다. 정말로 조금 걸어나가자, 한국에서도 익숙했던 소똥 냄새가 코를 자극했다.

　　사정은 케임브리지 시내도 마찬가지였다. 비록 자동차를 넉넉하게 주차할 만한 공간이 없고 시내 중심에는 아예 자동차가 들어가지 못하여 불편할 적도 있었지만, 녹지만큼은 풍성했다. 몇 개의 커다란

우리 동네 공원(콜드햄스 커먼)에도 날이 따뜻해지면 소들이 풀을 뜯으러 나온다.

녹지 덩어리로 둘러싸인 케임브리지 시는 그 내부에도 케임 강변과 칼리지 정원을 중심으로 크고 작은 녹지가 이어졌다.

　외곽에서 케임브리지 도심으로 가려면 어느 방향으로든 커다란 녹지대를 통과해야 했다. 우리 집에서는 크리스트 피스(Christ's Piece)나 파커스 피스(Parker's Piece), 지저스 그린(Jesus Green)이라는 녹지를 통과해야만 시내 중심부로 갈 수 있었다. 그중에서도 우리는 크리스트 피스를 가장 많이 걸어 다녔다. 크리스트 피스는 케임브리지 시의 대표적 두 상권인 그래프튼 가든(Grafton Garden) 쇼핑센터와 라이온 야드(Lion yard) 쇼핑가를 연결하고 있어 늘 오고 가는 사람들이 많았다. 우리는 이 공원을 걸어 다니며 사계절의 변화와 제철의 경관이 주는 아름다움을 만끽할 수 있었다. 여름이 다가오고 날씨가 좋아지면 많은 사람들이 잔디에 앉아 일광욕을 즐겼다. 흐리고 비오는 날이 많은 영국에서 6월부터 8월 사이의 여름은 찬란한 햇볕을 누릴 수 있는 유일한 계절이었다. 이때는 수줍고 점잖은 영국인의 이미지와 함께 웃옷을 벗어 던진 채 거리를 활보하는 사람들을 많이 볼 수 있었다. 가을에는 황금빛 나뭇잎이 우수수 떨어지며 막바지의 화려함을 자랑하더니, 어느새 푸른 잔디 위에 흰 서리가 내려앉으며 겨울을 재촉했다. 공원 한편에는 탁구대와 테니스장이 있어 시민들이 언제든지 즐길 수 있고, 중앙쯤에는 다이아나 왕세자비를 추모하는 예쁜 정원도 있다. 크리스트 피스를 가로지르는 직선거리는 꽤 된다. 한번은 이 공원에 들어서자마자 소낙비가 마구 쏟아지는 바람에 정신없이 뛰었다. 그런데 겨우 공원을 빠져나와 카페로 피신하니, 곧 비가 그치는 게 아닌가. 이미 홀딱 젖은 옷과 신발의 축축함을 견디며 영국 날씨의 변덕스러움을 실감해야 했다.

크리스트 피스의 여름과 겨울 풍경

코펜 녹지대. 저 멀리
피터하우스가 보인다.

케임브리지 시내에서 가까운 녹지 공원 파커스 피스에서는 케임브리지의 주요 행사와 스포츠 경기, 장터 등이 열린다. 파커스 피스는 예전에 경작과 목축이 이루어지던 곳이었다. 파커스 피스라는 이름도, 17세기에 경작지를 임대했던 트리니티 칼리지의 요리사 에드워드 파커(Edward Parker)로부터 유래한 것이다. 소를 방목하던 시절에는 홉슨의 수로를 통해 물을 조달한 연못이 있었다고 하나, 오늘날에는 흔적조차 없다. 영국에서 축구 규칙이 만들어진 후, 처음으로 축구 시합이 열렸던 곳도 파커스 피스였다.

주차장이 마땅치 않아 대부분 케임브리지 시내까지 걸어 다녔지만, 가끔은 라마스 랜드(Lammas land)라는 공원의 주차장을 이용하였다. 이 주차장은 공간이 그리 넓지 않을 뿐 아니라 온종일 주차비가 무료라 경쟁이 치열한 편이었다. 고대 영어로 커다란 덩어리(loaf mass)를 의미하는 라마스(lammas) 랜드는 예전에 매년 수확제가 열

라마스 랜드

렸던 곳이었으나, 지금은 시민들의 레크리에이션 장소다. 야외 수영장과 어린이 놀이터, 자그마한 바비큐장이 공원 내에 있어 주말이면 여가를 즐기는 사람들로 붐빈다. 인접한 케임 강변에는 조용히 낚시를 즐기거나, 상류로 펀팅을 하는 사람들이 오고 간다. 라마스 랜드의 주변에는 쉽스그린(Sheep's Green)과 코펜(Coe Fen)이라는 또 다른 녹지대가 이어진다.

쉽스 그린(Sheep's Green)은 이름대로 오래전 양을 키우던 곳이었으나 지금은 소가 방목되고 있다. 쉽스 그린에서 시내의 트럼핑턴 로드까지는 약 5헥타르의 코펜(Coe Fen)이라는 습지대가 이어진다. 코(Coe)라는 이름은 한때 이곳에 살던 갈까마귀의 이름에서 비롯되었다. 19세기 초반만 해도 공공자금으로 배수 비용을 조달할 만큼 습지대가 넓었지만, 지금은 대부분 건조하여 목초지에 가깝다. 잘 관리된 잔디 공원과는 달리 코펜에는 제법 키 크고 거친 상태의 식물들이 많다. 많은 사람들이 오가는 복잡한 트럼핑턴 스트리트 대신에 이 길을 따라 걸으면 전원 풍경의 여유를 느끼며 시내에 이를 수 있다.

케임 강 북쪽에는 지저스 칼리지와 인접한 지저스 그린(Jesus Green)이라는 녹지가 있다. 넓은 잔디뿐 아니라 아주 오래된 커다란 나무들이 줄지어 서 있는 산책로가 멋들어진 곳이다. 여름에는 넉넉한 나무 그늘을 시원하게 걸을 수 있고, 가을에는 낙엽으로 뒤덮인 운치 있는 길을 걸을 수 있다. 공원 한편에는 테니스장과 어린이 놀

지저스 그린의 운치 있는 가을 풍경

이터, 수영장, 그리고 우리 아이가 특별히 좋아했던 스케이트보드장
도 있다. 단체로 스포츠를 즐기는 사람들, 커다란 나무 그늘에서 독
서를 하는 사람들, 야외 바비큐를 즐기는 사람들 등으로 평화롭고도
활기찬 분위기가 넘쳐난다.

지저스 그린의 길 건너편에는 미드썸머 커먼(Midsummer Common)
이라는 녹지가 케임 강을 따라 이어진다. 강변에는 몇몇 펍과 레스
토랑들이 자리하고 있다. 이 아름다운 녹지에서는 1211년부터 미
드썸머 페어(Midsummer Fair)를 비롯한 케임브리지의 다양한 행사
들이 열렸다. 다양한 물품들이 거래되는 미드썸머 페어는 오늘날까
지도 이어져 매년 6월 하순에 열린다. 6월 초순에는 스트로베리 페
어(Strawberry fair)가 열리고, 11월 초 가이폭스 데이(Guy Fawkes
Day)[29]에는 대대적인 불꽃놀이가 열린다. 우리는 두 페어 모두 참석

29 1605년 11월 5일 국회 의사당을 폭파하고 국왕을 암살하려 했던 가이폭스 일
    당의 화약 음모 사건이 실패한 것을 기념하는 날이다. 오래전부터 가이폭스의
    마스크를 하고 거리를 돌아다니다가 밤이 되면 불태우는 풍습이 있었는데 점차
    영국 전역의 불꽃놀이로 발달하였다.

했었는데 정말 케임브리지에 사는 사람들이 다 왔나 싶을 정도로 발 디딜 틈이 없었다. 행사가 없는 동안 미드썸머 커먼에는 순하디순하게 생긴 소들이 풀을 뜯고 있다.

오늘날 시내 중심부의 녹지는 생산 기능을 거의 하지 않지만, 예전에는 소와 가축을 키우고 농사를 짓던 곳이었다. 도시의 녹지를 양적, 질적으로 확대시키는 데 중요한 칼리지의 정원 또한 마찬가지였다. 오늘날 칼리지 정원은 미적인 공간에 가깝지만, 과거 수 세기 동안 실용적으로 사용되었다.

원래 정원(garden)은 여유 있는 부자들이 여가를 보내는 곳을 가리키는 말이었다. 귀족 여성들이 애용한 정원은 폐쇄적이고 개인적인 사색의 공간이기도 했다. 하지만 칼리지는 그만한 부나 여유가 없었기 때문에 정원에서 생산적인 목적을 추구하였다. 그래서 칼리지 정원을 나타내는 데에 가든(garden) 대신 피스(Piece)라는 용어[30]가 사용되기도 했다.

중세의 칼리지 정원은 허브와 채소, 과일을 재배하거나 잉어를 키우고 벌꿀을 생산하는 공간이었다. 예전의 그림이나 자료에도 정원의 생산적인 모습이 잘 나타나 있다. 17세기 말에 그려진 드로잉을 보면 펨브로크 칼리지의 정원에서는 허브와 꿀, 과일, 채소를 재배하였다. 가축을 키운 칼리지도 있었다. 지저스 칼리지는 19세기에도 소를 키웠고, 피터하우스 정원에는 1860년대부터 1, 2차 세계대전

---

30 최초로 영어 사전을 만든 새뮤엘 존슨은 피스(piece)를 땅뙈기(patch of land)로 정의했다.

무렵까지 사슴이 있었다[31].

칼리지들은 정원에서 돈을 벌기 위해 여러 가지 시도를 하였다. 14세기에 피터하우스와 펨브로크 칼리지는 요리와 염색을 위한 샤프란을 재배하였다. 크리스트, 엠마뉴엘, 지저스 칼리지는 실크 산업을 발전시키려는 제임스 1세의 권고에 따라 많은 뽕나무를 정원에 심었다. 하지만 뽕나무 씨앗을 누에가 먹지 않는 종류로 잘못 선택하는 바람에 성공에 이르지는 못 했다.

오늘날에는 칼리지 정원을 실용적으로 이용하는 경우가 거의 없다. 드물게 허브 같은 원예작물을 키우거나 몇 그루의 과수 나무를 심는 경우가 있을 뿐이다. 조형미를 추구하는 정원은 비교적 최근에 등장하였다. 일부 정원에서는 나무로 새, 동물 등의 조각을 만드는 토피어리(Topiary) 정원 양식을 볼 수 있다.

트리니티 칼리지와 지저스 칼리지, 킹스 칼리지 등 일부 정원들은 생물 다양성 보전을 중시하여 잔디를 인위적으로 관리하지 않고 야생성을 보전하도록 방치한다. 엠마뉴엘 칼리지는 연못에서 오리를 키운다. 하지만 대부분의 칼리지 정원은 야생과는 거리가 먼 정형성을 띠고 있다. 처칠 칼리지와 지저스 칼리지는 정원에 멋진 현대 조각을 전시한다. 칼리지들은 제각기 추구하는 목적에 따라 정원을 유지하는 데 꽤 많은 돈을 매년 사용한다.

첨단 과학과 학문의 도시 케임브리지가 오늘날까지 이렇게 풍부한

---

31   이는 수익보다는 교수들의 유희를 위한 것이라고 한다.

녹지를 유지할 수 있었던 데에는 강력한 법적 뒷받침도 있었다. 19세기 말부터 결혼한 교수들이 칼리지 외부에서 가족과 함께 살고, 대학의 규모가 점차 성장하면서 새로운 주택을 공급하기 위한 뉴타운 개발이 활발해졌다. 이와 더불어, 주변의 토지 개발 압력이 높아지면서 케임브리지 시의 경계는 점점 확대되었다. 덕분에 오랫동안 케임브리지 시 중심부에서 비좁게 살던 과밀 현상은 완화되었지만, 시의 확장에 따른 개발과 보전 간의 갈등이 불거졌다. 일부 사업가들과 시의원들은 케임브리지 시가 더욱 확대되어야 한다고 주장했다. 하지만 대다수는 너무 많은 개발은 대학을 위해서도 오히려 손해라고 생각했다.

1950년에는 도시계획가 윌리엄 홀퍼드 경(Sir William Holford)이 케임브리지 시의 성장을 제한해야 한다는 보고서를 시 의회에 제출했다. 보고서가 제안한 대로 정부는 케임브리지 시 인근의 개발을 제한하고 먼 곳의 개발을 촉진하는 네클레스 빌리지 계획(necklace village plan)을 실행했다. 그리하여 케임브리지 시 주변에는 주택과 산업 개발을 금지하는 도넛 모양의 개발제한구역이 설정되었다. 그린벨트는 팽창 일로에 있던 도시의 양적 성장을 멈추게 하고, 케임브리지의 도심 수 마일 이내에 전원이 펼쳐지도록 하였다. 오늘날 케임브리지에서 일하는 많은 사람들은 외곽의 마을에 살며 도심으로 출근하고 있다.

걷기와 자전거

영국으로 출발하기 몇 달 전부터 허리 상태가 좋지 않았다. 침도 맞고 물리 치료도 했건만 별 효과가 없었다. 결국은 비상용 파스를 여러 개 사서 짐을 싸야 했다. 그런데 막상 영국에서는 이 파스를 거의 쓸 일이 없었다. 아무런 치료도 하지 않았지만 희한하게도 허리가 멀쩡해졌다. 그것이 나는 '충분한 걷기'의 선물임을 거의 확신하고 있다.

칼리지들이 모여 있는 케임브리지 시 중심부에는 일반 주민이 임대할 만한 주택이 거의 없고 설사 있더라도 너무 비싸거나 초등학교가 멀었다. 그래서 우리는 중심부로부터 약간 떨어진 곳에 아파트를 빌렸다. 집에서 시내 중심부까지는 약 2.5킬로미터, 차를 이용하면 10분이 채 걸리지 않는 거리였다. 그런데 문제는 주차 문제 때문에 자동차를 거의 이용할 수 없다는 거였다.

케임브리지 도심에는 마음 놓고 오래 주차할만한 곳이 없다. 게다가 시내 중심부에는 일반 차들의 입장이 아예 허용되지 않는다. 지하철은 애당초 없고, 버스는 시간 맞추기가 어렵다. 그래서 결국 튼튼한 두 다리를 이용하기로 했다. 원래 운동을 좋아하지는 않지만 걷는 것은 싫어하지 않았다. 걸으면서 이런저런 생각도 하고 거리와 가게들도 맘껏 구경했다. 시내에 다녀오면 하루에 최소 5킬로미터를 걷는 거라 꽤 노곤했다. 일주일에 적어도 4, 5일은 시내에 다녀오곤 했으니 내 생전에 이렇게 많이 걷기는 처음이었을 것이다. 덕분에 문제의 허리 근육도 튼튼해진 것 같다. 나뿐 아니라 가족 모두 일 년 동안 잔병치레 없이 보낼 수 있었던 것은 풍부한 자연과 깨끗한 공기, 그리고 다소의 불편함에서 비롯된 걷기 덕분이라고 생각한다.

걷기의 즐거움을 알게 해준 케임브리지 시의 불편한 교통 정책은 사실 고육지책에서 비롯되었다. 케임브리지 시가 애초부터 시내에 차를 진입하지 못하게 한 것은 아니었다. 중세 시대에 만들어진 케임브리지 시의 좁고 구불구불한 도로에도 한때는 차들이 가득 찼었다. 20세기 중반 무렵까지는 많은 학생들이 차를 가지고 다녔고, 시내 중심부까지 승용차와 버스가 오고 갔다. 20세기 초까지는 시내에 마차도 다녔다. 수십 년 전 사진이나 동영상을 보면 지금은 보행자 전용인 마켓 스퀘어의 주변에 버스와 자동차들이 다니는 모습을 볼 수 있다. 장이 서지 않는 날에는 마켓 스퀘어의 광장이 주차장으로 이용되곤 했었다. 좁은 도로는 차들로 가득 차 극도로 혼잡해졌고 주차난도 가중되었다.

자전거를 타고 칼리지로 향하는 학생들

　20세기 초반, 케임브리지는 영국에서 교통문제가 가장 심각한 곳이 되었다. 결국, 하는 수 없이 케임브리지 시는 중심부에 차량이 진입하는 것을 막기로 했다. 학생들의 차 소유를 금지하고 자전거 이용을 촉진했다. 하지만 일부 학생들은 여전히 차를 가지고 다니며 불법 주차를 일삼았다. 이에 시 당국은 시내에 불법 주차된 차들을 무조건 견인하고 소유주가 막대한 벌금을 물어야만 차를 돌려주는 강력한 정책을 시행하였다.

　우여곡절을 거친 끝에 오늘날 케임브리지 시 중심부는 보행자와 자전거 우선 거리가 되었다. 자동차 이용을 좋아하는 사람들에게 케임브리지 시는 지극히 불편하고 불친절하기 짝이 없는 곳일지도 모르겠다. 시내 중심부에는 칼리지 관계 차량이나 택시 등 일부 허용된 차들만 들어갈 수 있다. 허가 없이 차량을 몰고 들어가다간, 갑자기 땅에서 진입을 막는 쇠막대기가 솟아 나와 차를 망가뜨릴 수도 있다.

만일 조금 더 용기가 있었다면 자전거를 타고 다녔을 것이다. 자전거는 펀팅과 함께 케임브리지 시를 상징하는 문화가 될 정도로 많은 사람들에게 애용되고 있다. 아침에 우리가 시내를 향해 열심히 걷고 있노라면 자전거를 타고 오가는 사람들로 거리가 붐비기 시작했다. 특히, 시내 부근에는 아침마다 칼리지를 향해 자전거를 타고 씽씽 달려가는 학생들의 행렬이 줄을 잇는다. 이 행렬, 각별히 조심해야 한다. 보행자는 자전거가 알아서 피해가겠지 하면 안 된다. 한번은 건널목에서 저만치 다가오는 자전거를 인식하지 못한 채 길을 건넌 적이 있었다. 그러자 자전거 운전자가 흥분하며 소리쳤다. "너 돌았니? 자전거가 지나가는데 멈춰 기다려야지!"라고. 그때 깨달았다. 보행자는 자전거를 차와 동등하게 생각해야 한다는 것을.

케임브리지의 문화, 자전거

자동차 운전자들은 자전거를 두려워하기조차 한다. 바쁜 아침, 신호 짧은 교차로에서 학생들의 자전거 행렬이라도 마주치게 되면 수십여 분씩이나 기다리기 일쑤이기 때문이다. 자전거가 두려운 이유는 또 있다. 자전거가 당당히 차선을 함께 달리며 불쑥 끼어들기도 하고, 차선 사이를 묘기 부리듯 헤집고 다니기 때문이다. 신호 대기에 걸려 차들이 기다리는 사이에도 자전거들은 요리조리 잘도 빠져나간다. 수신호를 해야 하지만, 때로는 아무 신호 없이 불쑥불쑥 끼어드는 자전거들 때문에 자동차 운전자들은 종종 긴장하게 된다.

자전거가 차라는 인식은 어릴 적부터 훈련되는 것 같다. 초등학생은 물론, 아주 어린 아이들조차 엄마, 아빠의 자전거 뒤를 따라 차선을 달리는 것을 볼 수 있다. 옆으로 큰 차들이 휙휙 지나가도 별로 두려움이 없는 것 같다. 그 대신, 자전거 운전자들은 안전에 각별한 신경을 써야 한다. 안전모를 쓰고, 날씨가 흐리거나 어두워지면 야광의 노란 색 전용 조끼나 점퍼를 입어야 한다. 규정을 지키며 안전 운전하면 큰 문제야 없겠지만, 자전거를 타려면 좀 더 큰 용기와 배짱이 필요하겠다는 생각에 우리는 일찌감치 자전거의 편의와 낭만을 포기했다.

한 가지 더, 케임브리지의 불편하고 불친절한 교통에 대해 말할까 한다. 여느 소도시와는 달리 케임브리지의 기차역은 시내와 멀리 떨어져 있다. 런던 킹스 크로스 역에서 케임브리지 역까지 빠르면 50분 만에 올 수 있다. 그런데 막상 케임브리지 역 근처에는 볼거리가 전혀 없다. 역에서 시내까지는 2킬로미터 정도, 걸을 수도 있지만 길을 모르는 이방인들은 불편하기 짝이 없다. 그래서 케임브리지에 처음 온 방문객이라면 시내의 파커스 피스까지 바로 오는 고속버스를 이용하는 게 더욱 편리할 것이다.

케임브리지 기차역이 이렇게 시내 중심부에서 멀리 떨어진 것은 순전히 대학 측의 요구 때문이었다. 최초의 증기 열차가 케임브리지에 들어온 1845년에 많은 군중들은 환호했다. 하지만 케임브리지 대학은 소음이 학생들의 학업 분위기를 방해할 수 있다며 기차역이 가까이 오는 것을 결사반대했다. 아직 대학의 막강한 특권들이 남아 있던 시절이었다. 심지어 대학은 기차역이 평화와 고요를 침범할 경우 철도 회사에 벌금을 부과할 수도 있었다. 결국, 기차역은 마을에서 멀리 떨어져 지어질 수밖에 없었다.

철도는 케임브리지에 많은 변화를 가져왔다. 철도는 더 빠르고 더 쌌다. 철도가 생기기 전까지 주요 수송 수단이었던 마차와 하천 수송은 빠르게 사라졌다. 철도에 관련된 일자리가 증가하면서 이주자도 늘어났다. 많은 철도 종사자들이 새로 개발된 주변 뉴타운에 살았다. 철도 덕분에 런던 및 주요 도시와의 시간 거리가 획기적으로 단축되었다. 오늘날 걷기와 자전거가 케임브리지 시 내부의 주요 이동 수단이라면, 철도는 외부와의 연결 수단으로 빼놓을 수 없는 존재일 것이다.

💡 런던에서 케임브리지 가는 방법

📎 히드로(Heathrow) 공항에서 가는 방법

케임브리지 시티 센터의 파커스 피스(Parker's Piece)에 하차하는 National Express라는 고속버스를 이용하는 게 편리하다. 출발 시간과 요금, 예약 등은 모두 버스 웹사이트(http://www.nationalexpress.com)에서 확인할 수 있다. 보통 공항에서 시간당 1대 출발하고, 소요 시간은 2시간 20분에서 3시간 15분 정도 걸린다. 요금은, 성인의 경우 편도 20~28파운드로 왕복 티켓 또는 조기 구매 시 할인이 적용된다.

짐이 많거나 인원이 많은 경우에는 택시를 타는 것도 좋다. 영국의 택시는 길거리에서 손쉽게 잡을 수 없으며, 택시가 정차하고 있는 지정 장소에 가거나 사전 예약을 해야 한다. 히드로 공항에서 케임브리지까지의 택시 요금은 인터넷 사전 예약 시 9인승 기준으로 100~150파운드 정도이다. 대표적인 케임브리지 택시 회사 사이트로는 'www.panthertaxis.co.uk', 'www.camcab.co.uk' 등이 있다.

🖉 런던 시내에서 가는 방법

① National Express를 이용해서 가는 방법

런던의 빅토리아 코치 스테이션(Victoria Coach Station)에서 매시간 1대 출발한다. 케임브리지까지 소요 시간은 2시간 5분에서 2시간 35분 정도이고, 비용은 성인 편도 7~12파운드 정도이다. 왕복 티켓 또는 조기 구매 시 할인된다. 케임브리지 시티 센터의 파커스 피스(Parker's Piece)에서 하차한다.

② 기차를 이용해서 가는 방법

철도를 이용하면 런던에서 케임브리지까지 더욱 빠르게 갈 수 있다. 런던 킹스 크로스(King's Cross) 역에서는 시간당 2대 출발, 46분~1시간 25분 소요, 성인 편도 주중 23파운드, 주말 17파운드 정도이다.

런던 리버풀 스트리트(Liverpool Street) 역에서는 시간당 2~3대 출발, 1시간 5분~1시간 75분 소요, 성인 편도 주중 26파운드, 주말 16파운드 정도이다. 물론 왕복 티켓 구매 시 할인된다.

기차 예약은 웹사이트(www.thetrainline.com)를 통해 할 수 있다. 기차 회원에 가입 시 다양한 조건의 철도 카드를 이용할 수 있고, 기차 비용을 30% 이상 절감할 수 있다(www.railcard.co.uk).

케임브리지 역에서 기차를 하차한 후, 시내 중심까지는 버스를 이용하거나 약 25분간 도보로 이동해야 한다.

케임 강의 명물, 펀팅

케임브리지는 물과 녹지가 풍부한 도시이다. 영국의 여러 도시를 다녀 보았지만, 케임브리지만큼 물과 녹지가 인간의 생활 터전과 절묘하게 조화를 이룬 쾌적한 도시가 없었다. 그럴 때마다 "역시 케임브리지가 최고야. 케임브리지에 오길 잘했어!"라며 뿌듯해했다. 지극히 주관적인 의견이겠지만, 케임브리지 시는 인간이 자연과 더불어 살기에 더없이 좋은 도시인 것 같다.

19세기 말, 오염된 강물이 깨끗해지면서 케임 강은 쓰레기 처리와 교역을 위한 장소에서 레저 장소로 바뀌었다. 현대적인 스포츠 시설이 생기기 전까지 칼리지 사람들은 케임 강에서 낚시나 물새 사냥, 수영, 스케이팅 등을 즐겼다. 펀팅(punting)도 그중 하나였다. 오늘날 케임브리지에서 칼리지와 박물관을 둘러보는 일 이외에 특별히 즐길 만한 일을 찾는다면, 단연 펀팅을 들 수 있다. 케임 강을 따라 유유

펀팅에 이용되는 작은 조각배, 펀트

히 조각배를 타며 경치를 감상하는 펀팅은 케임브리지를 상징하는
명물 중 하나가 되었다.

　펀팅에 이용되는 바닥이 평평한 작은 조각배 펀트(punt)는 원래 고
기 잡던 배에서 유래하였다. 기다란 삿대(pole)로 저으며 앞으로 나아
가는 펀트는 중세 시대부터 얕은 수역에서 일하기 위한 목적으로 사
용되었다. 습지대로 둘러싸인 케임브리지에서도 예전부터 펀트를 이
용한 장어와 물고기잡이가 성행했었다. 이후 여러 가지 목적의 펀트
가 발달했는데, 오늘날과 같은 레저용 펀트는 19세기 후반에 시작되
어 20세기 초반 전성기를 이루다가 점차 모터 보트에 밀려났다. 지금
은 케임브리지와 옥스퍼드, 템즈 강의 일부에서만 레저용 펀트를 볼
수 있다. 케임 강에서는 20세기 초 시작된 레저용 펀트가 오늘날까
지 인기를 모으고 있다.

1910년 케임 강에서 처음으로 레저용 펀팅 비즈니스를 시작한 회사는 잭 스쿠다모어(Jack Scudamore)였다. 오늘날 이 회사는 전 세계에서 가장 오래되고 경험 많은 펀팅 회사로 알려져 있다. 스쿠다모어의 매니저 벨(R.F.Bell)은 기능적으로 케임 강에 적합한 펀트를 설계하려고 애쓴 끝에, 길이가 짧고 갑판 양 끝에 사람이 설 수 있는 튼튼한 펀트를 만들었다.

시내를 남북으로 흐르는 케임 강의 남쪽 실버 스트리트 다리 부근과 북쪽의 모들린 다리 부근에서 각각 펀트를 빌릴 수 있다. 원래 펀팅은 스스로 노를 젓는 셀프 운전이 기본이었으나, 1975년부터 운전자를 고용하는 쇼퍼 펀트(Chauffeur Punt)가 등장하였다. 노 젓기에 서투른 대부분의 관광객은 쇼퍼 펀트를 선호하지만, 일부 사람들은

실버 스트리트의 펀팅 시작점

칼리지 백스로 향하는 펀팅을 하면 케임 강변의 칼리지와 다리, 정원 등을 감상할 수 있다.

과감하게 셀프 운전에 나서기도 한다.

　케임브리지의 펀팅은 영국의 다른 곳에서는 접하기 어려운 아름다운 정경을 감상할 수 있는 것으로 유명하다. 펀팅 경로는 크게 두 가지로 나뉜다. 칼리지 백스(The Backs)로 향하는 펀팅 투어는 케임 강변을 따라 아름다운 칼리지들과 정원들을 감상하는 코스이다. 이 경로를 선택하면 케임 강변에 위치한 퀸스 칼리지, 킹스 칼리지, 클레어 칼리지, 세인트 존스 칼리지 등을 감상하며 유명한 수학의 다리와 한숨의 다리 아래를 직접 지나갈 수 있다. 고용된 펀트 운전자들은 배 갑판에 서서 노련하게 노를 저으며 케임브리지에 관한 이러 저러한 이야기들을 들려준다.

　그란체스터(Granchester)로 향하는 또 다른 경로에서는 케임 강 상류로 3킬로미터 정도 거슬러 올라가며 아름다운 전원 풍경을 감상할 수 있다. 다윈 칼리지 옆의 그랜타 플레이스(Granta Place)에서 펀트를 시작하면 하천 폭이 점점 좁아지며 강 상류에 이르는데 그곳에는 오차드 티가든(Orchard teagarden), 레드 라이온(Red Lion), 그린맨(Green Man)과 같은 식당들이 전원 속에 자리 잡고 있다. 특히, 사과나무 아래에서 차와 간단한 식사를 즐길 수 있는 오차드 티 가든은 케임브리지에서 우리가 가장 좋아하는 곳 중의 하나이다.

　한편, 시내에서는 펀팅 승객을 유치하려는 호객 행위가 아주 활발하게 이루어지고 있다. 식당이나 시장에서도 호객 행위가 거의 없는 영국에서 처음에는 꽤나 신기하게 여겨졌다. 마켓 스퀘어와 킹스 칼리지 부근을 지나치노라면 어김없이 "펀팅하는 게 어때?"하고 말을 거는 젊은이들을 만난다. "우린 이미 펀팅했어."라고 하면 "아, 그래, 탱큐!"하고 깔끔하게 돌아서는 사람이 있는가 하면 "한 번 더 하는 게 어때?"하며 끈질기게 따라오는 사람도 있다. 펀팅에 조금이라도 관심을 보일라치면, "지금처럼 한가한 시간에 하면 훨씬 저렴하게 할 수 있어."라든가, "지금 딱 두 자리 남아 있는데 조금 지나면 없어져"라며 더욱 적극적으로 다가온다.

실제로 펀팅 가격은 시간대에 따라 다소 달라지는 것 같다. 우리도 한여름날 마켓 스퀘어에서 흥정을 하다가 펀팅을 하게 되었다. 한겨울에 모진 찬바람을 맞으며 펀팅을 하는 사람들도 있지만, 역시 바람이 시원하게 느껴질 여름날의 펀팅이 좋은 것 같다. 관광객이 몰리는 여름철에는 케임 강이 온통 펀팅하는 사람들로 가득하다. 양산으로 햇볕을 가리며 배 안에서 느긋하게 와인이나 음료를 즐기는 사람들도

케임브리지의 펀팅 풍경

있고, 일부러 시원한 물에 풍덩 빠지는 사람도 있다. 일부 셀프 운전 족들은 배가 다른 방향으로 가지 않도록 노 젓기에 온 힘을 다한다.

관광객들이 펀팅을 즐기는 지점을 지나 케임 강 북쪽으로 올라가면 단체로 보트 연습을 하는 학생들을 종종 볼 수 있다. 케임브리지 대학의 보트 클럽은 1827년 세인트 존스 칼리지와 트리니티 칼리지에서 처음 시작되었다. 그로부터 2년 후, 옥스포드 대학과의 첫 보트 시합이 템즈 강에서 열렸다. 1856년부터 오늘날까지 두 번의 세계대전 기간을 제외하고는 두 대학 간의 보트 시합이 매년 열리고 있다. 대부분 가을과 겨울 새벽부터 강의 사이에 이루어지는 보트 클럽의 훈련은 매우 혹독하다고 한다.

날씨가 맑고 춥지 않은 날에는 번잡한 거리 대신에 케임 강변을 따라 걸으면서 집으로 향했다. 지저스 그린, 미드썸머 커먼과 같은 널따란 녹지를 한편에 낀 채 강가를 걷고 있노라면 마음 또한 너그럽고 평화로워졌다. 내가 언제 또 이런 호사를 누릴까 하는 기분마저 들었다. 강변에는 칼리지별 문장을 단 보트 클럽 건물들이 보이고, 주변에는 깔끔하고 넉넉한 정원을 지닌 고급스러운 주택들이 즐비하다.

그런데 강가 한편에는 오래전 쓰다 버린 듯한 낡은 배들이 줄지어 묶여 있었다. 그것도 사람의 기척과 살림살이의 흔적이 느껴지는 배들이었다. 자세히 다가가 보니, 이건 배의 모습을 지닌 실제 사람들이 사는 집이었다. 배의 좁은 창문 사이로 온갖 살림 도구들이 보였다. TV 수신기, 싱크대, 냉장고, 꽃을 키우는 화분도 있었다. 작은 집이나 다름없었다. 배 안에서 나온 어떤 아저씨는 우리와 눈이 마주치자 "헬로우!"하며 기분 좋게 인사를 건넸다. 어느 배는 팔려고 하는지 5만 파운드라는 가격을 써 붙여 놓았다. 강가에 사는 생활은 어떠할까? 그들은 왜 이런 생활을 택했을까? 낭만적인 자연 속의 생활을 동경해서일까? 도시의 높은 집값이라는 현실적인 문제에 대한 대책일까? 우리의 영국인 친구에게 묻자 대수롭지 않게 말했다. 그저 좀 다른 생활 양식일 뿐이라고.

케임 강가의 보트 하우스

휴일엔 느긋하게 그란체스터에서

케임브리지 시내에서 강 상류로 3킬로미터쯤 거슬러 올라가면 그란체스터(Granchester)라는 마을이 나온다. 체스터라는 이름에서 알 수 있듯이 로마 시대부터 형성된 오래된 마을이다. 그란체스터는 녹지와 목초지, 하천이 대부분을 차지하는 아름다운 전원 마을이다. 케임브리지 시내부터 펀팅을 하거나 3, 40분 정도 산책 삼아 걷다 보면 이곳에 이를 수 있다.

케임브리지 시내에서 30분 정도 걸으면 오랜 전원 마을 그란체스터에 이른다.

밝고 따뜻한 햇살 가득한 오후는 그란체스터 산책을 나서기에 안성맞춤이다. 예쁜 집들이 옹기종기 모여 있는 마을 입구를 지나면 푸른 잔디와 목초지로 이어지는 그란체스터 산책 코스가 나온다. 입구에는 미래 세대를 위해 지켜야 할 에티켓을 안내하는 표지판이 보인다. 활기차게 자전거를 타는 사람들, 케임 강에서 펀팅을 즐기는 힘 좋게 생긴 사람들, 잔디 위에 대자로 누워 햇빛을 즐기는 사람들, 다정하게 앉아 데이트를 즐기는 연인들, 가족끼리 소풍 나온 사람들, 모두 제각기 나름의 방식대로 자연과 인생을 즐기고 있었다.

그란체스터의 산책로를 삼십 여분쯤 걷다 보면, 홍차와 스콘, 그리고 간단한 식사를 즐길 수 있는 오차드 티가든(Orchard Teagarden)이 나온다. 이름 그대로 과수원에서 차를 즐길 수 있는 곳이다. 함께 오차드를 방문했던 내 친구는 한국에 돌아온 후에 꿈속에서도 오차드가 등장할 정도로 좋아했다. 나 역시 다시 케임브리지를 가게 된다면 꼭 빼놓지 않고 들르고 싶은 곳이다.

오차드 티 가든은 100년 이상의 역사를 지녔다. 오차드에 과일 나무가 처음 심어진 것은 1868년, 과수원이 티 가든으로 발전한 것은 순전히 우연에서 비롯되었다. 1897년 어느 봄날의 아침이었다. 오차드 하우스를 찾은 케임브리지 학생들은 꽃이 활짝 핀 과일 나무 아래에서 차를 마실 수 있는지 주인에게 물었다. 주인은 흔쾌히 허락했고, 이때부터 오차드는 차를 마실 수 있는 곳이 되었다. 학생들 사이에 입소문이 나면서 오차드는 점점 유명해졌다.

노란 유채꽃으로·눈부신 그란체스터의 들판

아름다운 전원 마을 그란체스터

20세기 초, 오차드의 주인은 부수입을 올리기 위해 하숙을 치기도 했다. 하숙생 중에는 1909년 킹스 칼리지의 학생이었던 루퍼트 브루크(Rupert Brook)도 있었다. '영국에서 가장 잘생긴 남자'로 불릴 정도로 외모가 출중했던 브루크는 젊은 나이에 요절한 영국의 전설적인 시인이다. 브루크는 번잡한 도시 생활을 떠나 오차드의 전원생활과 보헤미안 라이프 스타일에 흠뻑 빠졌다. 카누를 타고 케임브리지 대학까지 통학했고, 조깅과 수영, 산책을 즐겼다. 그와 친했던 버지니아 울프, 버트란드 러셀, 에드워드 모건 포스터, 존 메이너드 케인스 등 당대의 지성인들이 오차드에서 정기적으로 모임을 했다. 브루크와 버지니아 울프는 바이런의 풀(Byron's Pool)[32]에서 함께 수영하기도 했다. 당시의 생활상은 브루크가 베를린 여행 도중 그란체스터를 그리워하며 쓴 「The Old Vicarage」라는 시에 잘 나타나 있다.

브루크는 1차 세계대전이 발발하자 곧 입대하였다. 하지만 1915년에 갈리폴리(Gallipoli)를 향하던 중 패혈증으로 사망하고 말았다. 그의 나이, 겨우 27세였다. 사망 몇 달 전에 쓴 「Soldier」라는 시가 사후에 널리 알려지면서 브루크는 전쟁의 희생과 젊음의 순수함을 나타내는 상징으로 기억되어 왔다.

브루크 덕분에 그란체스터와 오차드는 더욱 널리 알려져 많은 아티스트와 작가들에게 영감을 주는 장소가 되었다. 오차드 티 가든에는 1999년 루퍼트 브루크를 기리는 작은 박물관이 열려 그의 사진과 일생, 편지, 책 등을 전시했었다. 하지만 우리가 찾아갔던, 불과 얼마

---

32 시인 바이런이 케임브리지 학창 시절에 자주 찾아 수영했던 곳으로 그란체스터의 남단에 있다.

전에 박물관이 문을 닫았다는 안타까운 소식을 들었다.

이제 오차드는 케임브리지 사람들뿐 아니라, 외부 관광객들도 자주 찾는 곳이 되었다. 1987년에는 주거용 하우스를 개발하기 위하여 오차드가 폐쇄될 뻔한 적도 있었다. 다행히 오차드의 전통과 문화를 이어 가려는 현 소유주가 오차드를 개발 위기에서 구하고 명맥을 이어가고 있다.

한여름에 오차드를 방문하면 탐스러운 사과가 주렁주렁 열린 나무 아래에서 영국식 홍차와 스콘을 즐기며 느긋한 티타임을 보낼 수 있다. 샌드위치와 샐러드를 비롯한 깔끔한 식사를 즐길 수도 있다. 바로 옆에는 너른 잔디밭이 펼쳐져 있어 어른들이 티타임을 갖는 동안 아이들은 마음껏 뛰어놀 수 있다. 햇빛이 좋은 따스한 날에는 자리 잡기도 어려우니 서둘러야 한다.

사과나무 아래서 티타임을 즐길 수 있는 오차드 티 가든.

연중 풍성한 이벤트와 공연

처음 영국 생활을 시작할 때에는 한국의 분주한 생활에서 벗어나 유유자적하며 조금은 느긋하게 일 년을 보내리라 생각했다. 그런데 케임브리지에서 열리는 다양한 행사와 공연들을 챙겨다니다 보니 어느새 심심할 겨를 없는 바쁜 생활이 이어졌다. 다 찾아다니기에는 버거울 정도로 많은 행사와 공연들이 일 년 내내 열렸기 때문이다.

케임브리지에서 열리는 행사들은 시 홈페이지나 도서관, 박물관 등에 비치되어 있는 안내장을 통해 확인할 수 있다. 오픈 케임브리지(Open Cambridge), 페스티벌 오브 아이디어(Festival of Idea), 케임브리지 과학 페스티벌(Cambridge Science Festival), 케임브리지 큐레이팅(Cambridge Curating), 역사 페스티벌(History Festival), 필름 페스티벌(Film Festival) 등 일일이 열거하기도 어려울 만치 개성적이고 다양한 행사들이 열렸다. 특히 칼리지와 도서관, 정원, 박물관 등을 전면 개방하며 다양한 프로그램을 개최하는 오픈 케임브리지(Open Cambridge) 행사는 도시를 통째로 이해하는 데 많은 도움을 주었다.

케임브리지의 역사와 문화를 이해할 수 있는 다양한 주제의 워킹 투어(walking tour)도 종종 열렸다. 이때에는 박식한 지식을 자랑하는 블루 뱃지(blue badge) 가이드들이 각각 스무 명 남짓의 참여자들을 인솔하며 주요 지점마다 케임브리지에 관한 재미난 이야기들을 들려주었다. 이야기를 풀어가는 방식과 흡입력은 가이드별로 천차만별이었는데, 역시 대화식으로 재미있게 소통하는 방식이 머리에 쏙쏙 들어왔다. 경력이 오래된 듯한 한 가이드는 퀴즈식으로 사람들의 관심을 유도하기도 했다. 연세 지긋하신 6, 70대의 가이드 분들이 다소 난해한 영어 발음으로 쏟아 내는 많은 이야기를 이해하려면 종종 고도의 집중력을 발휘해야만 했다.

케임브리지에는 예로부터 다양한 행사들, 특히 페어(fair)가 많이 열렸다. 페어(fair)란 농산물 등의 품평회나 박람회, 축제 겸 장터를 의미한다. 왕의 허가를 받아야만 개최할 수 있었던 중세시대의 페어는 축제 분위기보다는 상업적인 성격이 강했다. 그중에서도 스투어브리지(Stourbridge) 페어는 영국에서 가장 크고 유명한 페어였다. 이 페어가 열리던 케임 강변은 지금도 스투어브리지 커먼(Stourbridge Common)이라 불린다. 1210년부터 1933년까지 700년 이상 이어진 이 페어는 원래 외면받던 나환자들을 돕기 위해 교회가 자선활동의 일환으로 벌인 행사였다[33].

　며칠간 열리던 소규모 행사였던 스투어브리지 페어는 점차 유럽에서 가장 크고 중요한 행사로 성장하여, 8월에서 9월까지 한 달 이상 개최되었다. 영국의 지역 산물뿐 아니라 프랑스 와인이나 이태리 실크, 발틱 반도의 모피 등 해외의 유명 상품들도 거래되었다. 페어의 수익이 상당히 높아지자 대학과 마을이 그 관리권을 두고 경쟁하였다. 16세기부터는 주로 대학이 페어를 관리하여 참가하는 거래상들을 결정하고 상품의 품질을 감독하였다. 이러한 페어들은 케임 강을 중심으로 한 수로 교통이 활발하던 시절에 번성하다가, 18세기 도로와 철도 수송이 발달하면서 점차 쇠퇴하였다. 스투어브리지 페어도 1933년에 마침내 문을 닫았다.

　오늘날에도 케임브리지에는 다양한 페어가 열린다. 상업적 목적보다는 주로 자선과 지역 축제를 위한 것이다. 미드썸머 커먼(Midsummer Common)에서는 음악과 예술을 위한 스트로베리 페어(Strawberry fair)가 30여 년 동안 매년 6월의 첫 번째 토요

매년 6월에 열리는 스트로베리 페어

일에 열린다. 케임브리지 대학 병원인 아덴부르크 병원은 매년 스노우 페어를 열어 어린이들을 위한 돈을 모금한다. 비어 페스티벌(Beer

---

33　나병이 만연하였던 시절, 감염을 두려워한 사람들은 나환자 병원을 시내에서 멀리 두고 외면하였다.

케임브리지 비어 페스티벌

Festival)에서는 케임브리지에서 생산되는 갖가지 종류의 수제 맥주
와 사이다, 와인을 맛볼 수 있다.

　겨울이 되면 축제와 행사들도 조금씩 뜸해진다. 지형적 특성 때문
인지 케임브리지의 겨울은 뼛속에 스며드는 듯한 스산한 바람이 불
며 몹시 춥다. 영국, 아니 유럽의 겨울이 대부분 그러하듯이 낮도 매
우 짧아진다. 오후 3시만 되어도 해 질 무렵인 듯 어둠이 스멀스멀
밀려와 곧 깜깜해진다. 길고 추운 겨울 동안 우리의 일상을 밝혀준
등불 같은 존재는 소극장에서 이루어지는 공연들이었다. 그들은 런
던에서 이루어지는 크고 화려한 공연들과는 차원이 다른, 또 다른
재미와 즐거움을 주었다.
　케임브리지 여행자 정보센터 맞은 편에는 케임브리지 아트 씨어
터(Art Theatre)가 있다. 겉에서 보기엔 작고 허름해 보이지만, 안으
로 들어가면 깨끗하고 넓은 편이다. 이 극장은 1936년 킹스 칼리지

의 펠로우였던 경제학자 케인스(J. M. Keynes)를 비롯한 드라마 애호가들에 의해 개장했다. 케인스는 대학생들을 위한 주거 공간과 함께 극장을 지으려 했으나, 칼리지가 돈을 지원해주지 않자 자신의 돈을 직접 투자했다. 건설비 3만 2천 파운드(한화 약 5천5백만 원) 중 케인스가 투자한 것이 3만 파운드(한화 약 5천백만 원)나 되었다고 한다.

1936년 극장의 오프닝 무대에서는 케인스의 아내이자 러시아 발레리나인 리디아 로포코바(Lydia Lopokova)가 출연하였다. 케인스라면 20세기 세계 경제정책에 커다란 영향을 미친 경제학자인 줄만 알았는데, 알고 보니 그는 열렬한 예술 옹호자였다. 그는 세계 대전 이후 영국 경제를 회복시키는 데 중요한 역할을 했을 뿐 아니라, 음악예술 진흥위원회를 진작시켜 예술위원회를 만들었다. 이 예술위원회(Art Council England)가 오늘날 영국이 뮤지컬을 비롯한 예술 문화를 발전시키는데 핵심적인 역할을 하고 있다.

케임브리지 아트 씨어터는 개장 이후, 반복적인 재정 압박에도 불구하고 운영을 지속했다. 하지만 1990년대에는 극장이 너무 낡아 환풍이 어렵고 관중석에 바퀴벌레가 출현할 정도에 이르렀다. 결국, 여러 단체로부터 후원을 받아 재건축을 거친 후 1997년 다시 문을 열었다.

우리는 케임브리지 아트 씨어터에서 『알라딘』이라는 팬터마임을 보았다. 팬터마임은 연극과 음악을 결합했다는 점에서 뮤지컬과 유사하다. 하지만 뮤지컬과 달리 여장 남자가 등장하는 등 해학적인 장면들을 포함하고 관객들과의 소통을 자주 한다. 알라딘의 주 관객은 역시 어린이들이었다. 알라딘의 원작을 다소 유머러스하게 각색한 내용이었다. 여장 남자 캐릭터의 우스꽝스러운 몸짓과 말투에, 관중석에서는 끊임없는 웃음이 터져 나왔다. 공연 말미에는 관객들이 다 함께 노래를 부르고, 몇 명의 어린이들을 무대 앞으로 데려와 이야기를 나누는 시간도 있었다. 이는 대부분의 팬터마임이 지니는 공통 요소라고 한다.

그런데 극장의 자리는 편하지 않았다. 런던에서 연일 흥행 중인 뮤지컬을 관람해본 사람들은 알겠지만, 영국의 극장은 기본적으로 오래된 건물이라 자리가 별로 편치 않다. 특히나 자리의 앞뒤 간격이 좁아 중간에 한 사람이라도 나가려면 같은 줄의 모든 사람이 일어서야 한다. 알라딘 공연 도중에도 아이들이 종종 나가는 바람에 사람들이 줄줄이 일어나 앞을 가리곤 했다. 또, 우리네와는 달리 공연 도중에 음식물을 먹어도 된다. 아예, 극장 안의 바(bar)에서 맥주나 와인, 소프트 드링크와 아이스크림 등의 간식거리를 판다. 공연 도중에는 반드시 20여 분쯤 휴식 시간을 주어 이것저것 사 먹고 재충전하게 한다. 게다가 팬터마임 공연 때에는 아이들이 저마다 불빛 반짝이는 응원용 봉을 흔들어댔다. 아이들은 신나게 기분을 냈지만, 어른들은 공연 내내 눈이 부시고 앞이 가려져 집중하기 어려웠다.

시드니 석세스 칼리지 근처에는 또 다른 소극장 ADC가 있다. ADC는 아마추어 드라마 클럽(Amateur Dramatic Club)의 약자이다. 1855년에 설립된 이 클럽은 영국에서 가장 오래된 대학 연극 그룹이라고 한다. 케임브리지 대학을 졸업한 19세기의 유명 극작가 버나

드(Francis Cowley Burnandd)도 여기서 활동했다. 어느 겨울밤, 우리는 이 극장에서 『피노키오』라는 팬터마임을 보았다. 유머러스하고 관객과 자주 소통하는 기본적인 팬터마임의 요소는 알라딘과 같았다. ADC는 케임브리지 아트 씨어터보다 작은 규모지만, 역시나 훈훈한 분위기가 좋았다.

케임브리지에는 이외에도 공연을 즐길만한 장소가 꽤 있다. 킹스 칼리지를 비롯한 각 칼리지의 채플이나 박물관에서도 연주회나 공연이 종종 열린다. 서쪽 캠퍼스로 가는 길의 대학 콘서트 홀(West road concert hall)에서도 좋은 공연들을 많이 한다. 케임브리지 대학의 음

케임브리지 소극장 ADC

악과에서 운영하는 공연장이다. 그리 크지 않은 규모이지만, 시설이 깨끗하고 자리도 좋은 편이다. 주로 클래식 공연을 많이 하는 그곳에서는 가끔 가족을 위한 공연도 한다. 연말이 얼마 남지 않은 시점에 우리는 크리스마스 특별 공연을 보러 갔다. 어린이들을 위한 공연이라 그런지 가격도 좋았다. 프라임 브래스(Prime Brass)라는, 25년 역사의 관악단이 크리스마스 캐럴을 연주하고, 초중등학교의 합창부 아이들이 노래를 불렀다. 나중에는 관객들도 다 같이 합창에 동참하며 크리스마스와 연말 분위기를 한껏 즐겼다.

웨스트로드 콘서트홀의 크리스마스 공연을 알리는 포스터

케임브리지에 관한 유용한 인터넷 사이트

www.cambridgetouristinformation.co.uk 케임브리지 관광 정보

www.visitcambridge.org 케임브리지와 주변 지역의 정보

www.nvs.admin.cam.ac.uk 케임브리지 대학 방문자들의 모임

www.langcen.cam.ac.uk 케임브리지 대학 언어 센터

www.cambridgekoreanchurch.net 케임브리지 한인 교회

www.cambridgekoreanschool.org 케임브리지 한인 학교

www.thebusway.info 케임브리지 버스 정보

www.nationalexpress.com 고속버스나 시외버스 예약 사이트

www.nationalrail.co.uk 기차표 예약 사이트

www.meto.gov.uk 영국 일기예보

www.skmart.co.uk 케임브리지까지 배달해주는 뉴몰든의 한국슈퍼마켓

www.tfl.gov.uk 런던 교통정보

www.eurostar.com 유로스타

www.museums.co.uk 영국의 미술관, 박물관 정보

케임브리지 생활 정보

> **주거비**　한국의 원룸 형태인 '스튜디오(Studio)'의 월세가 600~1,000 파운드 정도, 한국의 아파트 형태인 '플랫(Flat)'의 1~2 베드(bed)가 한 달에 750~1,500파운드 정도, 영국인이 제일 선호하는 정원 있는 주택 1~2 베드인 '하우스(House)'가 한 달에 1,100~2,000파운드 정도로 주거 비용이 많이 드는 편이다. (인터넷 부동산 정보 사이트: http://www.zoopla.co.uk, http://www.rightmove.co.uk)

> **생활비**　장바구니(슈퍼마켓) 물가는 한국과 큰 차이가 없다. 농산물의 경우에는 한국보다 저렴한 제품도 많다. 특히, 빵, 우유 등의 유제품 가격이 저렴하다. 단, 공산품의 가격은 다소 비싸다. 외식의 경우, 맥도날드 등의 패스트푸드점과 샌드위치 가게를 이용해도 기본적으로 1인당 5~6파운드 정도는 필요하다. 레스토랑에서 식사하는 경우에는 1인당 최소 10파운드 이상은 필요하다. 조금 쉽게 한국에서 5천 원 정도의 식사라면 5파운드, 2만 원 정도라면 20파운드 정도라고 대충 생각할 수 있다.

> **슈퍼마켓**　테스코(Tesco), 아스다(Asda), 웨이트로즈(Waitrose), 세인즈베리(Sainsbury), 막스앤스펜서(M&S)와 같은 대형 슈퍼마켓이 도심 주변에 있다. 도심에는 이들 브랜드의 소규모 익스프레스(express)점들이 있다. 테스코와 아스다가 비교적 저렴한 물건들을 많이 갖추고 있는 반면, 유기농 제품과 싱싱한 식재료가 풍부한 웨이트로즈와 세인즈베리, 막스앤스펜서는 상대적으로 비싼 편이다.

> **세금** 모든 거주자는 집의 형태 및 월세액에 따라 케임브리지 시에 지방세(council tax)를 내야 한다. 예를 들어, 1000파운드의 월셋집이라면 연간 1,200파운드 정도의 지방세를 내야 한다. 그리고 가스 및 전기세가 한 달에 최소 50파운드 정도 필요하다.

> **기타 비용** 통신비가 대충 한 달에 10파운드 내외, 인터넷 비용이 한 달에 40~50파운드 내외 필요하다. 자동차 이용 시 기름값은 리터당 1.2~1.5파운드(2015년 기준) 정도이다.

> **TV 라이센스** 영국에서 TV를 시청하기 위해서는 반드시 구매해야 한다. TV 라이센스 비는 연간 145.5파운드 정도이다(2015년 기준).

> **초등학교 입학** 한국 초등학교의 재학증명서와 영국 내 주택 계약서류, 그리고 비자를 준비하여 케임브리지 시 교육 담당자(Admissions@cambridgeshire.gov.uk)에게 메일을 보내면 주거지 가까운 곳의 학교를 배정해 준다. 그리고 시 교육청의 편지를 가지고 해당 학교에 가면 입학 수속을 할 수 있다.

> **카 부츠 세일**(Car-boot sale) 자동차 뒤 트렁크(Car boots)에 중고품을 실어와 파는 일종의 벼룩시장이다. 케임브리지 시에서는 매주 일요일 웨이트로즈 근처의 트럼핑턴 파크 앤 라이드(Trumpington Park and Ride)에서 열린다.

케임브리지 카부츠 세일

내셔널 트러스트와 잉글리쉬 헤리티지

🖇 내셔널 트러스트(National Trust)

내셔널 트러스트는 자발적인 자산 기증과 기부를 통해, 보존 가치가 높은 자연환경과 문화유산을 시민 스스로 보호하기 위한 비영리 민간단체이다. 내셔널 트러스트에 가입하면, 이에 소속된 영국 각지의 문화유산, 국립공원, 대저택 등의 입장료와 주차비를 1년간 무료로 이용할 수 있다. 회비는 개인 회원의 경우, 25세 미만은 30파운드, 25세 이상은 60파운드이고, 가족(어른 2명과 어린이 2명)은 104파운드 정도이다. 각 유적지의 비싼 1회 입장료를 생각하면 서너 곳만 방문해도 충분히 본전을 뽑을 수 있다. 케임브리지 주변에 있는 윔폴 성(Wimpole Estate), 앵글시 애비(Anglesey abbey), 익워쓰(Ickworth) 등 내셔널 트러스트에는 꼭 한 번 가볼 만하다. 관련 웹사이트는 'www.nationaltrust.org.uk'

윔폴 성(Wimpole Estate)

📎 잉글리쉬 헤리티지(English Heritage)

잉글리쉬 헤리티지도 내셔널 트러스트와 함께 영국 각지의 많은 유적지를 관리하고 있으며, 특히 몰락한 영국 귀족들의 집과 역사적으로 기억할 만한 장소(예를 들어, 스톤헨지 등)들이 많다. 약 400곳의 유적지를 관리하고 있다.

회비의 경우, 19~59세의 개인회원이 50파운드, 가족(어른 2명과 어린이 2명)은 88파운드 정도이다. 회원 가입 후, 몇 군데만 방문해도 경제적인 혜택이 느껴질 것이다. 참고로 스톤헨지의 1회 입장료가 어른 14.5파운드, 가족 37.7파운드 정도이다. 케임브리지 주변에도 오드리 엔드(Audley End) 등의 잉글리쉬 헤리티지가 있다. 관련 웹사이트는 'www.english-heritage.org.uk'

오드리 엔드(Audley End)

에필로그

　영국은 울면서 왔다 울면서 떠나는 나라라고 하더니 우리도 딱 그
랬다. 악명 높은 날씨와 음식, 살인적인 물가 소식만으로도 처음 영
국으로 가는 마음은 편치 않았다. 일 년 중 가장 찬란한 6월에 출발
했던 것도, 그런 우울함에서 벗어나기 위한 방책 중의 하나였다. 하
지만 케임브리지에 빠져 지내는 사이 초기의 불편함은 견딜만함으
로, 그리고 점차 익숙함으로 바뀌었고, 어느새 귀국행 발걸음이 무거
울 정도로 정이 들고 말았다. 못내 아쉬워하는 아이를 다독이며 한
국에 돌아온 지 이제 6개월, 한때 우리의 일상이었던 익숙한 길과
건물들, 공원 등을 회상하며 케임브리지의 사진과 원고를 정리하는
시간 내내 그리움과 즐거움이 교차했다. 1951년에야 시로 승격한 작
은 도시 케임브리지, 수백 년간 이곳에서 꽃피운 대학과 문화, 과학
과 산업은 우리가 잘 모르던 또 다른 영국의 모습이었다.

　사실, 일 년이라는 시간은 케임브리지를 속속들이 이해하기엔 너

무나 짧은 기간이었다. 한 가지를 건드리면 관련된 이야기들이 줄줄이 사탕처럼 엮여 나오곤 했기에, 그 모든 것들을 아우르기에는 우리의 역량이 한없이 모자랐다. 그럼에도 불구하고 출판의 용기를 낸 것은 케임브리지에 관한 책이 전무한 국내 현실에서 조금이나마 도움이 될 것이라 생각했기 때문이다. 일부 두서없고 부족한 부분이 있다 하더라도, 새로운 탐색의 단서를 제공하는 것쯤으로 여기며 통큰 이해를 해주길 부탁드린다.

우리의 영국인 친구 머레이(Mr. Murray Jacobs)는 한국에 케임브리지를 알려 달라며 책을 내도록 용기를 북돋아 주었다. 역사와 문화에 관심이 많고 이야기를 풀어내는 능력이 탁월했던 그는 케임브리지에 대한 애정 또한 남달랐다. 길지 않은 케임브리지와의 인연에 이정표가 되어 준 그에게 감사하다.

무엇보다 주변 환경의 급격한 변화에 잘 적응해 준 12살 우리 아들에게 고마운 마음이 크다. 지금도 케임브리지 로고가 새겨진 티셔츠를 즐겨 입는 아이는 이 책을 누구보다 기다리는 사람이기도 하다. 또, 케임브리지 생활에 정착하도록 물심양면으로 애써 주신 케임브리지 대학 소가 교수님(Prof. Kenichi Soga)과 이철주 교수님, 서형준 박사님, 박헌준 박사님, 조재연 박사님, 영국 생활에 대한 아낌없는 조언을 해주신 이명호 교수님께, 그리고 연구연가의 기회를 준 한국건설기술연구원에도 지면을 빌려 감사드린다. 마지막으로, 늘 한결같은 모습으로 자식을 응원해 주시는 양가 부모님께 무한한 감사와 애정을 보낸다.

참고자료

Andrew Hunter Blair, The Colleges of Cambridge University, 2012

Andrew Pearce, Cambridge; A Photographic Portrait, Fotogenix, 2015

Benedict le Vay, Eccentric Cambridge, Bradt, 2006

Chris Elliott, Cambridge : The Story of a city, Cambridge Evening News, 2001

David Stubbings, History of the Sewage Pumping Station Cheddars Lane, Cambridge Museum of Technology, 2013

Elisabeth Leedham-Green, A Concise History of the University of Cambridge, Cambridge University Press, 1996

Gwen Raverat, Period Piece; A Cambridge Childhood, Faber and Faber, 1952

Haroon Ahmed and Philip Denbigh, Cambridge Depicted Engravings, History and People, Third Millennium Publishing Ltd., 2013.

Jamie Collinson, Cambridge Student Pranks, The History Press, 2010

Kevin Taylor, Central Cambridge : a guide to the university and colleges, Cambridge University Press, 1994

Martin Garrett, Cambridge : a cultural and literary history, Signal books, 2004

Martin W. Bowman, Cambridge & Around, Amberley Publishing Plc, 2013

Michael hall, Cambridge, the Pevensey press, 1981

Michael J Petty, Cambridge 1888-1988 in Pictures, Cambridge Newspapers Ltd, 1988

Nichilas Chrimes,   Cambridge Treasure island in the fens : the 800-year story of the university and town of cambridge, 1209 to 2009, Hobsaerie Publications, 2009

Peter Harman and Simon Mitton, Cambridge Scientific Mind, Cambridge university press, 2002

Richard Tames, An Armchair Traveller's History of Cambridge, The Armchair Traveller at The bookHaus, 2013

Robert Lacey, Great Tales from Engish History, Abacus, 2007

Robert Leader, Exploring Historical Cambridgeshire, Stroud: The History Press, 2014

Sebastiano Barassi, Kettle's Yard house guide, Kettle's Yard, 2012

Segal Quince & Partners, The Cambridge phenomenon : the growth of high technology industry in a university town, 1985

Stephanie Boyd, The Story of Cambridge, Cambridge University Press, 2005

나종일, 송규범, 영국의 역사, 한울, 2005

권석하, 영국인 재발견, 안나푸르나, 2013

http://www.localhistories.org/cambridge.html

http://www.colc.co.uk/cambridge/cambridge/history.htm

http://cambridgehistorian.blogspot.kr

http://www.iankitching.me.uk/history/cam/hobsons-conduit.html

http://www.culturefinder.org.uk

http://www.opencambridge.cam.ac.uk

http://www.collusion.org.uk

https://www.cambridge.gov.uk

색인